Redação
INFALÍVEL

Redação INFALÍVEL

E OUTRAS DICAS PARA VOCÊ ARRASAR NAS PROVAS

DÉBORA ALADIM

OBJETIVA

SUMÁRIO

ACIDENTES ACONTECEM

Em primeiro lugar:

este livro, assim como tudo que envolve minha vida, é um acidente. Não um acidente do tipo "tropecei e caí", e sim do tipo "fiz uma coisa sem expectativas e deu certo". Não me leve a mal, mas eu adoro me acidentar. Acidentes funcionam desde que Han Solo decidiu levar Luke e Obi Wan até Aldeeran e também deram certo quando postei meu primeiro vídeo no YouTube, em março de 2013. Aquele meu primeiro vídeo sobre redação foi um acidente. Ele ter viralizado foi outro acidente. Escrever este livro tem sido um longo e trabalhoso acidente, mas imagino que sua leitura seja uma perfeita coincidência.

Esta não é uma obra de ficção, com super-heróis ou personagens que começam se dando mal e no final vivem felizes para sempre. É um livro de apoio, escrito por uma pessoa real para pessoas reais — pessoas complexas e confusas. Como diz o título, ele trata de redação, métodos de estudo e o Exame Nacional do Ensino Médio (nosso querido Enem). Vou ajudar você a vencer o medo que muitas vezes nos impede de estudar, além de ensinar técnicas e sugerir dicas para tornar mais simples sua jornada de aprendizagem. Afinal, estudar não precisa ser difícil! Quero provar para você que organizar os estudos é possível, que existem métodos e ferramentas próprios para isso, além de auxiliá-lo a administrar seu tempo e neutralizar suas angústias e expectativas antes de uma prova.

O melhor é que as técnicas de redação também podem ser usadas em questões discursivas, de muitas outras matérias — ou melhor, sempre que você for escrever um texto, seja qual for a finalidade. Escrever com clareza é uma habilidade e tanto a adquirir!

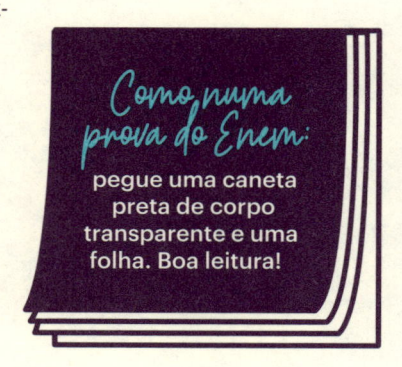

Como, numa prova do Enem: pegue uma caneta preta de corpo transparente e uma folha. Boa leitura!

Como ESTUDAR

por onde COMEÇAR

Um ditado que se encaixa perfeitamente neste livro é: uma longa caminhada começa com um pequeno passo. Mesmo as mais extensas e complicadas — e estudar é justamente uma tarefa árdua e com resultados de longo prazo. Por isso, tome uma decisão segura antes de se comprometer: esse será o primeiro passo na sua jornada para chegar até seu objetivo final, seja entrar em uma universidade, passar de ano com notas boas ou melhorar sua capacidade de concentração.

PASSO A PASSO BÁSICO

Seja qual for seu estilo de aprendizagem, sua idade e a matéria que você vai estudar, o **primeiro passo** é fazer uma lista dos conteúdos. Ela pode parecer assustadora no começo, mas vai guiar seu trabalho, e com o tempo você vai perceber que, dentro de cada disciplina, nem todas as matérias são relevantes para seu objetivo final. Pesquise quais são os assuntos mais cobrados nas provas, a grade curricular das disciplinas a estudar e qual a ordem a ser seguida (não é possível estudar a Guerra Fria sem antes entender a Segunda Guerra Mundial, por exemplo).

Feita a lista dos conteúdos, o **segundo passo** é estudar mesmo: absorver o conteúdo, ler a teoria, assistir às aulas, escrever resumos dos conteúdos e tentar compreendê-los.

Depois, no **terceiro passo**, será sua hora de treinar: fazer exercícios e praticar questões discursivas. Uma sugestão é que, antes de começar a fazer exercícios e treinar o assunto, você assista a resoluções de questões (pode também pedir para alguém que entende do assunto resolver uma atividade narrando o raciocínio para você) ou leia esse tipo de conteúdo. Isso ajuda bastante, porque é muito difícil aplicar um conhecimento que você acabou de assimilar.

> À medida que você for concluindo sua lista de conteúdos, é uma boa ideia treinar o desafio final: fazer uma prova antiga da disciplina ou do vestibular.

DISCIPLINA

Você é o responsável pelo seu próprio sucesso, e seu estudo pode render muito, dependendo apenas da sua coordenação. É importante determinar um horário e de fato cumpri-lo! Ao acordar, arrume sua cama e troque de roupa, não se atrase e não estude deitado — aja como se estivesse indo para a escola, onde não entra quem chega atrasado, não pode dormir durante as aulas e a disciplina é obrigatória. Tenha esse compromisso na sua casa ou onde você estiver, afinal, você é seu próprio chefe.

MÉTODO

POMODORO

O método Pomodoro foi desenvolvido pelo psicólogo italiano Francesco Cirillo, e a ideia é que o aluno estude durante 25 minutos ininterruptos e em seguida descanse cinco minutos. É uma forma eficiente, pois alterna o estudo em pequenos blocos de meia hora. Dessa maneira, acabamos sendo muito mais produtivos do que quando passamos horas seguidas vidrados nos livros, o que aumenta as chances de nos dispersarmos. Para o nosso cérebro, é muito mais fácil manter o entusiasmo pensando "Vou estudar só vinte minutinhos" do que sabendo que vamos passar horas a fio quebrando a cabeça.

Só não se esqueça de administrar bem suas pausas. A melhor sugestão que eu tenho para você é não mexer no celular e não ver TV — não ficar olhando para nenhum tipo de tela, pois isso cansa os olhos (ainda mais para quem usa óculos), impede você de descansar de verdade e pode desconcentrar, dificultando o retorno ao estudo. Isso sem falar na tentação de aumentar o tempo de pausa! Recomendo que nesses cinco minutos você se levante, faça um alongamento, um lanche, converse com alguém ou simplesmente vá até a janela para olhar a paisagem e descansar a visão.

USE E ABUSE

DA INTERNET

Ela nos oferece muito conteúdo, não só de vídeo, mas também textos, gráficos, imagens e tudo mais. O que você vai estudar? Então, vamos procurar um conteúdo sobre isso! Sempre gostei muito de ver videoaulas de professores variados para ir revisando o conteúdo. Também é uma boa ideia anotar no papel tudo o que você se lembra da aula logo depois de assistir, para ajudar sua mente a armazenar aquele conteúdo. Fazer um resumo bem curto também é excelente, pois você pode ler novamente em pouco tempo e deixar o conhecimento fresquinho.

2 estudando em DIFERENTES MOMENTOS

Para ajudar todos os leitores, vou propor dicas e estratégias para os três tipos de estudantes: aquele apressadinho do primeiro ou segundo ano do ensino médio que já quer começar a estudar para as provas de admissão das faculdades, o aluno do terceiro ano ou que está fazendo pré-vestibular e aquele que já terminou o colégio e está retomando os estudos.

Vamos lá?

BEM ANTES DA PROVA

ENEM NO PRIMEIRO OU SEGUNDO ANO

Para aqueles que estudam o funcionamento do cérebro durante o processo de aprendizagem, não é segredo que o tempo é um fator importante. Preparar-se com bastante antecedência não apenas favorece a fixação do conteúdo a curto prazo como garante que ele não será esquecido tempos depois, ainda mais se for revisado. Portanto, se você está se preparando desde já, seu cérebro está nas condições ideais para tirar o melhor proveito do conteúdo!

Minha maior dica para você é: aproveite o tempo, a atenção e o cuidado que você tem disponíveis no primeiro e no segundo anos, porque no ano de formatura do colégio ou no ano em que você está prestando o vestibular tudo é mais corrido, por causa de matérias em maior volume.

Como fazer isso? Você vai pegar a lista dos conteúdos mais cobrados nas provas do vestibular e, ao longo do ano, vai prestar mais atenção sempre que seus professores abordarem algum item da lista. Além disso, é importante preparar um **resumo curto** (uma página, no máximo) de cada um desses conteúdos, para que no futuro você leve menos tempo ao revisá-los. Afinal, você estará na correria e não terá tempo de ler novamente todos os livros e cadernos.

NO ANO DA PROVA

ENEM NO TERCEIRO ANO OU NO CURSINHO

Lembra o que significa a sigla Enem? Exame Nacional do Ensino Médio. O Enem nasceu em 1998, com a finalidade de avaliar o conhecimento de alunos recém-saídos do ensino médio, daí seu nome. É por esse motivo que os conteúdos cobrados no Enem são aqueles exigidos nos três últimos anos da escola, nada além disso.

Portanto, é seguro dizer que estudar "para a escola" e estudar "para o Enem" são a mesma coisa, ainda mais para alunos do terceiro ano. Meu conselho é: siga o ritmo da escola ou do cursinho, estude para suas provas e dê valor aos professores e exercícios, pois eles vão treinar você para o vestibular, afinal, o que a escola está cobrando é basicamente a matéria que vai cair no Enem. Somando às provas escolares o seu estudo cotidiano, você estará muito bem preparado, mesmo porque a necessidade de passar de ano na escola é um grande incentivo para estudar.

E a dica matadora é: quando sentir que sua turma já passou por grande parte do conteúdo do ano letivo, comece a fazer provas antigas do Enem, para simular o que você vai viver no final do ano.

LONGE DA ESCOLA
E RETOMANDO OS ESTUDOS

São verdadeiramente admiráveis as pessoas que voltam a estudar depois de um tempo fora da sala de aula. Muitas vezes, elas acabam sendo os alunos que mais se destacam! Caso esteja pensando em fazer isso, tenha sempre em mente quais objetivos levaram você a decidir retomar os estudos. Muitos desafios poderão aparecer no caminho, e sua motivação inicial será a energia que não deixará você desistir dessa missão, por mais árdua que possa parecer.

Antes de começar a estudar, teste seus conhecimentos para ver do que se lembra e qual é seu nível em cada disciplina. Pegue livros didáticos e tente fazer alguns exercícios de diferentes conteúdos. Caso você perceba que está muito enferrujado, o ideal é recomeçar do zero! Assim, você terá uma base sólida para avançar.

Uma dica preciosa é estudar também conteúdos básicos. Veja aulas ou faça uma leitura rápida dos assuntos que você já sabe mas que são importantes para o que você ainda não domina. Revisar frações pode parecer desnecessário agora, mas, ao se deparar com equações de segundo grau, você vai ficar grato por ter feito isso!

Depois de avaliar o que você já sabe, é hora de fazer a lista de conteúdos que vai estudar. E preste atenção para ir em uma ordem apropriada. Consulte algum material didático para traçar o caminho a seguir e também para saber quais conteúdos devem ser priorizados (não se pode estudar estequiometria sem antes entender as ligações químicas, por exemplo).

Comece com uma rotina leve e depois vá intensificando de acordo com seu ritmo. Eu sei que no início estamos empolgados com os estudos, mas com o tempo ficamos cansados. Como você está voltando a estudar, comece devagar para, aos poucos, inserir esse hábito de volta em sua rotina (no capítulo 6 tem mais dicas para ajudar você com isso).

como estudar SOZINHO

3

Estudar sozinho pode ser um grande obstáculo ou uma enorme vantagem, tudo depende da sua estratégia. Muitas pessoas têm dificuldade em se manter concentradas sem certa cobrança, enquanto outras chegam a se sentir solitárias, o que as deixa sem forças para continuar.

SOLITUDE E NÃO SOLIDÃO

É verdade que no momento do estudo você está só, mas existem milhares de pessoas passando pela mesma situação. Uma dica é: antes de traçar sua estratégia, crie uma rede de apoio. Não se isole da sua família nem de seus amigos durante períodos de estudo, use--os como suporte. Divida seus progressos com aqueles que moram com você, mostre a eles as atividades que você fez ao longo da semana. Chame os amigos para comemorar cada pequena vitória da sua caminhada. Estudar só não quer dizer que você seja solitário. Na verdade, essa solidão se chama solitude — é o que vai lhe dar muito mais liberdade para organizar sua rotina, focar nos pontos fracos e guiar seu desempenho.

Além disso, ao estudar sozinho você tem muito menos distrações. Procure um lugar calmo, sem aparelhos eletrônicos e, se possível, silencioso. Procure identificar em que horários sua casa fica mais vazia ou em qual período do dia você tem mais energia. É importante se conhecer para traçar um plano de estudo que funcione para você, porque essa flexibilidade é a vantagem de quem estuda sozinho.

GRUPOS DE ESTUDO

Muitos estudantes formam grupos de discussão no WhatsApp ou no Facebook. Eles conversam sobre estudos, determinam metas para a semana e podem se encontrar para trocar experiências e tirar dúvidas. É também uma maneira de cobrar resultados uns dos outros.

Uma dica interessante é separar determinado assunto para cada integrante do grupo, que deverá explicar o conteúdo aos colegas, propor exercícios e tirar dúvidas. Isso não apenas poupa tempo como ajuda a fixar melhor o conteúdo. Ensinar colegas sempre foi algo que me ajudou muito, tanto que criei meu canal no YouTube justamente para compartilhar resumos que fazia para as provas. Na faculdade de licenciatura em história, parte de minha formação envolve dar aulas, e isso me impede de esquecer os conteúdos, mesmo aqueles lá do início do curso!

Então, quando estudar, ensine o que aprendeu para algum amigo ou familiar, ou grave a si mesmo, para treinar. Depois, ouça suas próprias aulas. Isso também vai ajudá-lo a falar em público, fazendo com que você se comunique muito melhor.

A IMPORTÂNCIA
DE UM TUTOR

É importante que você tenha alguém qualificado, da área de letras, para corrigir os textos que você produzir. Na redação, a prática é ainda mais importante do que em outras matérias: é necessário escrever bastante, para você identificar seus erros mais frequentes, avaliar seu domínio de temas variados, ajustar o tamanho da letra, administrar o tempo de prova etc. Por isso, quem estuda de maneira independente ou quem não tem na escola ou no cursinho alguém que corrija suas redações precisa providenciar um tutor.

Existem vários sites que oferecem esse serviço, com professores que corrigem à distância, ou você pode encontrar um profissional na sua cidade. Não se esqueça disso nem deixe para depois. É importante encontrar uma pessoa capacitada para fazer as correções de suas (muitas) redações.

Não tenha vergonha de procurar ajuda!

É essencial contar com pessoas que possam tirar suas dúvidas, lhe emprestar material ou que lhe deem suporte emocional e incentivo na sua jornada. Você não é pior do que ninguém e é mais do que capaz de aprender!

4 como estudar REDAÇÃO

O estudo de redação possui dois pilares: persistência e regularidade.

Persistência porque ninguém nasce sabendo escrever e leva tempo até você se adaptar ao estilo textual necessário, ficar atento a erros gramaticais que muitas vezes nem percebemos e criar um repertório bom para temas variados. Então, não desista! A maior parte dos estudantes demora meses para tirar boas notas em redação. Pode ser que você também leve um tempo, mas, se não parar, vai chegar lá.

A **regularidade** diz respeito à frequência de estudo. É como nos esportes: se passamos muito tempo sem treinar, perdemos o pique. É importante escrever com frequência (um texto por semana, digamos), para nossas habilidades não ficarem fora de forma.

RITUAL
DA ESCRITA

Uma estratégia que vai ajudar você não só a escrever bem, mas a praticar com frequência e a fazer redações em menos tempo é ter um **ritual de escrita**. Sempre que for estudar redação, faça do mesmo jeito. O meu, por exemplo, é assim:

Meu ritual

Eu me sento a uma mesa apenas com dois papéis e caneta.

Leio o tema.

Faço um esquema em tópicos do que vou escrever.

Faço algumas questões da prova de linguagens do Enem e volto à redação já escrevendo o rascunho.

Só depois de fazer mais algumas questões é que eu passo a limpo.

Pode parecer bobo, mas começar a escrever sempre da mesma maneira cria em nosso cérebro um ritmo e um hábito, e essa familiaridade vai permitir que, com o tempo, você realize várias etapas de modo automático. Assim você até perde o medo de escrever!

Faça com que seu ritual seja o mais semelhante possível ao que você viverá na prova: com tempo marcado, usando a folha-padrão e o mesmo tipo de caneta, sentado a uma mesa sem nenhum outro objeto e sem usar o celular. O medo do desconhecido é algo muito comum, e simular as circunstâncias do vestibular vai torná-lo muito mais tranquilo para você! Conheça seus próprios hábitos e certifique-se de criar seu ritual de escrita para o dia da prova.

ESTRATÉGIAS
ESPECÍFICAS

Entre as várias estratégias que ajudam a estudar redação, **cronometrar o tempo** que você leva para escrever é a mais simples e fundamental, já que as provas têm um limite de tempo para serem feitas. Não precisa escrever com pressa, a ideia é apenas que você tenha noção do tempo que vai precisar reservar para a redação no dia da prova e que, durante os estudos, tente otimizá-lo. Outra dica é sempre analisar suas redações corrigidas e anotar seus erros. Nas redações seguintes, você vai escrever tendo em mente esses pontos — além de ter a satisfação de olhar para as antigas e ver o quanto melhorou!

como criar o
HÁBITO DE ESTUDAR

Esta é uma das tarefas mais desafiadoras para quem está se preparando para provas: tornar os estudos parte da vida, da rotina — mas você já deve ter percebido que não é impossível. Muitos estudos já foram feitos sobre a capacidade das pessoas de transformar atividades eventuais em hábitos, e hoje sabemos que é um processo que requer tempo e adaptação. Não desista, e você verá que os benefícios são incríveis!

Primeiro, é preciso usar recursos diferentes: aplicativos, jogos, atalhos mentais e todo tipo de ferramenta que torne o estudo muito mais leve e até divertido. Vale também estudar em lugares diferentes, com colegas, com a ajuda de vídeos e outros métodos não tradicionais que deixem você mais entusiasmado.

Para criarmos um hábito, também precisamos de uma rotina agradável. O que seria uma rotina agradável para estudar? É, por exemplo, ter um espaço físico em que você se sinta à vontade, aplicar um cheirinho no ambiente, colocar uma música baixinha... É deixar o local de estudos mais aconchegante, para que você de fato tenha vontade de passar um tempo ali. A ideia é criar um clima confortável, para que seu cérebro comece a associar o ato de estudar a coisas positivas. E se você se esforçar, se colocar a mão na massa, escrever, raciocinar e praticar com afinco, o tempo vai passar mais rápido. Aos poucos, sua mente se acostumará com a ideia e já não irá nem achar o estudo tão cansativo.

Também vale a pena estabelecer uma meta diária e recompensas. Por exemplo, quando eu terminava uma unidade inteira do livro, gostava muito de me permitir fazer alguma atividade fora de casa. Da mesma forma, você pode se dar um presente quando terminar uma apostila. Trace um objetivo diário mesmo quando estiver começando — uma meta realista! Se você pensa "Eu não consigo fazer vinte exercícios em um dia só", então comece com um número menor. Estabelecer metas é importante para obrigar você a repetir a tarefa de estudar até que se torne de fato parte da sua rotina.

Aproveitando essa dica, estabeleça também metas de leitura, especialmente se você tiver dificuldade em se concentrar para ler. Eu comecei meus estudos para o vestibular lendo dez páginas de livro didático por dia e fui aumentando, não só porque era muita matéria, mas porque minha capacidade de cumprir as tarefas foi crescendo — essa é a chave para o sucesso!

Outra dica que eu acho bem importante é: corrigir os exercícios. Primeiro você vê quais acertou e quais errou, depois entenda o porquê. Se você não tiver as resoluções no livro, peça ajuda para um professor ou um amigo. Aliás, uma coisa que me ajudava muito no meu ano de vestibular era pedir para amigos que eram bons em matemática e em física para fazerem exercícios narrando para mim o passo a passo de resolução. "Agora eu estou usando essa fórmula, estou somando, estou multiplicando..."

Mais uma dica: um ou dois dias depois que você corrigir os exercícios (acompanhando o passo a passo de resolução), tente refazer os exercícios que você errou, sem consultar nada. É uma maneira de verificar se você realmente entendeu onde errou e garantir que não erre aquilo nunca mais. Com o tempo, você não vai mais precisar ficar voltando para consultar a resposta no livro nem pedir ajuda para os colegas. Quando errar uma questão, já vai conseguir identificar de cara qual foi seu erro.

E, já que você vai corrigir todos os seus exercícios, outra coisa que você não pode deixar de fazer é anotar os resultados para medir seu progresso. Pegue uma folha de papel e faça uma tabela, anotando o tempo que você leva para resolver as questões, a quantidade de acertos e o tempo que você gasta para corrigir. É muito importante manter uma escala do seu progresso.

Para tudo isso funcionar, é fundamental que você se force a cumprir seu plano até que ele se torne um hábito natural, até que chegue o momento em que você já tenha se acostumado a todos os dias, em determinado horário, abrir o livro, fazer uma leitura, alguns exercícios. E aí você vai ver isso como algo agradável. Vai se sentir bem quando se sentar à sua mesa com calma, abrir seu caderno e começar a anotar. Leva um tempo para se acostumar, mas **não desista**.

cronograma de ESTUDOS

6

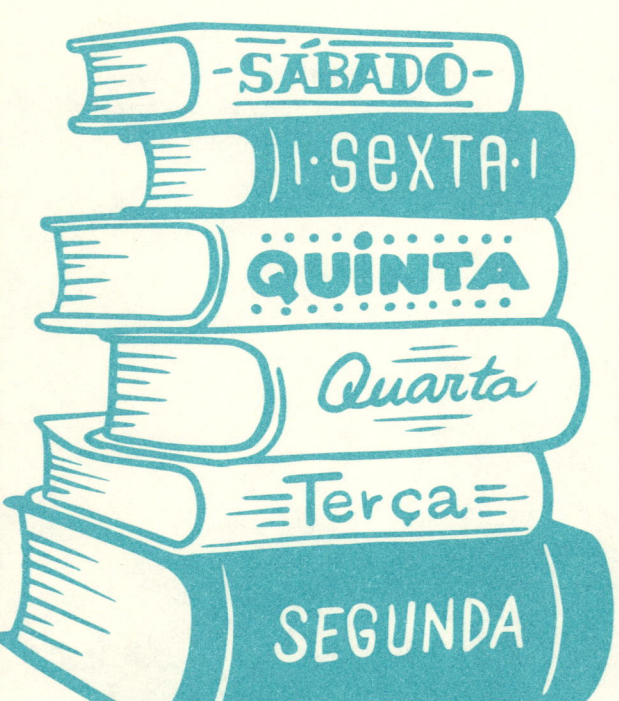

SÁBADO

SEXTA

QUINTA

Quarta

Terça

SEGUNDA

DOMINGO

Como estudar

25

PARTE 1

Um dos maiores aliados dos estudantes para um bom desempenho é seguir um cronograma de estudos. É importante que você enxergue isso como um trabalho e se dedique da mesma forma que a um emprego formal: sem tolerância para atrasos, horários bem definidos, pausas marcadas e disciplina. Afinal, estudar é algo que ocupará uma parte considerável do seu dia, e esse tempo deve ser bem aproveitado.

Mas o que é um cronograma de estudos? É a definição da sua rotina, dos seus horários e a distribuição das suas tarefas ao longo da semana — basicamente, uma agenda. Ele é importante para que você se mantenha organizado e para que os estudos se tornem parte do seu cotidiano, pois assim vira algo natural a se fazer. No começo talvez seja difícil seguir o cronograma à risca, então você pode começar com uma agenda mais flexível e ir estabelecendo horários e atividades mais detalhados à medida que for se acostumando e vendo os resultados na prática.

Agora, siga o passo a passo de um cronograma que acompanhará você pelo resto do ano. Você só vai precisar fazer ajustes semanais de acordo com suas demandas (provas, deveres, folgas etc.).

Vamos lá!

1 O primeiro passo é separar o que eu chamo de **compromissos fixos**: aquelas coisas que você não pode mudar (e, consequentemente, momentos em que você não vai poder estudar). Ir à escola e frequentar algum curso, por exemplo, são compromissos frequentes, que se repetem em horários já definidos com antecedência. Não se esqueça da hora de dormir!

Não desmereça seu sono, pois é ele que fixa o aprendizado e que lhe dá forças para as atividades do dia, então não tenha dó de reservar esse tempo e pense duas vezes antes de virar noites estudando ou fazendo outras atividades que podem comprometer seus estudos no futuro.

dica:

Defina como compromissos fixos uma atividade física que você goste de praticar e os momentos de diversão! Eu, por exemplo, nunca abri mão de sair com os amigos no sábado à noite, já que nos demais dias da semana havia estudado por muito mais tempo que isso. Cuide de si mesmo também!

2 O segundo passo é reservar um **dia de descanso**. Geralmente é o sábado ou o domingo, mas você pode escolher um dia da semana em que sabe que estará mais cansado ou que terá mais tranquilidade para descansar. Você pode até sentir um peso na consciência por ficar um dia inteiro sem fazer nada, mas o descanso é merecido!

Uma coisa legal de se fazer (inclusive para aumentar sua motivação!) é ir anotando, ao longo da semana, tudo que você deixou de fazer para estudar. Assim você compensa no seu dia livre! Pode se dar ao luxo de dormir até mais tarde, sair com os amigos, fazer uma maratona de filmes... Aproveite a recompensa!

3 O terceiro passo é reservar um tempo na sua agenda para um lazer real. Por que eu chamo de lazer real? Porque muitas vezes acabamos caindo na fantasia de gastar nosso precioso tempo livre com coisas que não nos relaxam e não nos fazem realmente felizes, como ficar olhando para a tela do celular ou da televisão. Quando você para de estudar e vai colocar seus olhos mais uma vez em contato com essas luzes brilhantes, você não descansa realmente. É como se, enquanto você estuda, seu cérebro estivesse correndo, e quando você olha para o celular ou a TV, ele continua correndo, só que mais devagar. Por isso, dê preferência para um lazer real, algo que lhe traga alegria, que o relaxe e faça você feliz de verdade! Entre em contato com pessoas, telefone para um amigo, saia de casa ou faça um lanche gostoso: dê a si mesmo um verdadeiro presente em recompensa por seu esforço.

4 O quarto passo é reservar uma parte de cada dia para resolver o que eu chamo de assuntos imprevisíveis. Por quê? Pois no momento em que estou fazendo meu cronograma de estudos não consigo prever quando terei uma prova, um trabalho para entregar, uma urgência, algo extra para fazer. Então, deixe um tempinho livre todo dia para resolver imprevistos.

Esse tempo também serve para revisar algum conteúdo que você estudou no dia ou para estudar algo de última hora — especialmente matéria atrasada!

5 O quinto passo é estabelecer dois tipos de metas.

As metas de longo prazo (tirar notas boas no ano letivo, passar no vestibular, fazer todos os simulados do cursinho etc.) são objetivos importantes, mas que dependem de muito tempo; basicamente, são seu objetivo final.

Mas também é importante ter metas que você pode cumprir em pouco tempo: fazer uma redação por semana, passar as anotações a limpo, organizar o material etc. Defina metas de curto prazo para cada semana de estudo! Assim você não se cobra demais e ainda sente uma grande satisfação ao ir alcançando suas expectativas de curto prazo.

EXEMPLO DE DIFERENTES

tipos de metas

CURTO PRAZO: ler a teoria e fazer um resumo da Revolução Francesa até o fim da semana.

LONGO PRAZO: fazer um simulado e acertar pelo menos 80% das questões de história.

6 O sexto passo é reservar o tempo de estudo. Nesse momento você não vai escolher o que estudar, mas em quais períodos de cada dia estará estudando. Em vez de pensar "Às segundas-feiras estudarei geografia", defina "toda segunda-feira estudarei entre as 13 e as 17 horas", por exemplo. Essa é uma boa dica para quem está começando agora a criar o hábito de estudar, pois vai inserir a prática na sua rotina e você se acostumará aos poucos a fazê-lo. Com o tempo, seu corpo e sua mente passam até a esperar por isso.

7 Agora que separou seus compromissos e horários de estudo, o sétimo passo é definir quais matérias estudar. Uma boa dica é dividi-las em categorias: entre as disciplinas que você está estudando na faculdade, na escola, no cursinho ou por conta própria, identifique as fáceis, das quais você gosta; as intermediárias; e as difíceis, das quais você não gosta. Isso vai ser importante na próxima etapa.

No oitavo passo entra seu autoconhecimento e a dica do método Pomodoro.

Divida seu tempo em blocos de trinta minutos e distribua esses blocos entre as matérias de acordo com sua necessidade. Isso significa: estude mais as que são mais importantes para seu objetivo ou aquelas em que você tem mais dificuldade.

A ordem das matérias também fica a seu critério. Eu, por exemplo, prefiro começar pelas mais difíceis e deixar as mais fáceis para o fim do dia. Assim, nos momentos em que estou mais descansada, estudo os assuntos que demandam muita atenção. Porém, muitas pessoas optam por começar pelo que acham mais agradável, para se motivar, e isso faz com que se distraiam menos quando estão estudando. Só depende de você!

O nono passo complementa o anterior: se você julgar necessário, mude seu cronograma semanalmente para se adequar às suas necessidades, até chegar a um esquema que funcione. Por exemplo, você pode adicionar uma hora de matemática porque a prova está chegando, ou uma hora extra de biologia porque está com muita dificuldade em determinado conteúdo. Seu cronograma será o mesmo ao longo do ano, mas com pequenas alterações de acordo com sua demanda, e, sem perceber, ele começará a fazer parte da sua rotina. Você nem vai precisar consultá-lo o tempo todo!

O décimo passo é o momento de deixar seu cronograma ainda mais preciso: separar os conteúdos que vai estudar. Caso você estude sozinho, vai separar o que precisará estudar para o vestibular e, caso esteja na escola ou no cursinho, quais serão os conteúdos estudados durante o ano. Se você não souber com antecedência os conteúdos que lhe serão passados, uma estratégia interessante é olhar o sumário dos livros didáticos.

Deixe a última folha do caderno como um **checklist de matérias**. Como assim? Escreva nessa página cada tópico que você estudou em aula e, à medida que reler a teoria, fizer os exercícios e o resumo, marque isso na folha. É algo simples, mas que vai mudar totalmente sua organização, pois assim você tem controle do que já estudou e do que ainda falta.

HISTÓRIA — 1º ANO DO ENSINO MÉDIO

MATÉRIA	DADA EM SALA	LI NO LIVRO	FIZ RESUMO	FIZ EXERCÍCIOS
Grécia Antiga	OK	OK	OK	OK
República Romana	OK	OK	fazer quinta!	OK

Assim, por mais desafiador que seja inserir um novo hábito na sua rotina, fazer um cronograma é o que vai dar consistência e ritmo aos seus estudos. E, como toda novidade, dê a si mesmo um tempo para se acostumar com essas regras: comece com um cronograma mais simples e vá adaptando-o ao que funciona melhor com você e para os resultados que almeja. Isso vai ajudá-lo não apenas a passar no vestibular, mas a ser mais organizado e compromissado em todos os aspectos da sua vida.

anotações e RESUMOS EFICIENTES

Se eu tivesse que escolher apenas um material para estudar, seria uma caneta. Porque escrever é uma forma poderosa de aprender, de exercitar nosso conhecimento e de fixar os conteúdos. Não podemos subestimar a importância de registrar por escrito a matéria, as tarefas a fazer, as dúvidas, os exercícios e tudo o mais! Seja digitando no computador, anotando na margem de livros ou até desenhando em post-its, nossas anotações são a manifestação do que sabemos e, ainda mais importante, são nosso registro concreto do que foi aprendido em aula. Já parou para pensar nisso?

Muitos estudiosos da educação cognitiva, percebendo a importância das anotações pessoais, começaram a pesquisar métodos diferentes de fazer isso. Muitas vezes ficamos presos nas maneiras tradicionais e acabamos perdendo tempo ou acreditando que não gostamos ou que somos ruins nos estudos, quando na verdade apenas não temos os recursos eficientes para nosso tipo de aprendizado.

Por isso, reuni aqui alguns métodos alternativos de fazer anotações e resumos eficientes e rápidos. O mais importante é avaliar quais deles se adaptam melhor à sua rotina, ao seu jeito de escrever e ao material que você usa e fazer os ajustes necessários para melhorar seu rendimento.

MÉTODO
DE ESBOÇO

O método de esboço usa tópicos, você simplesmente escreve um título e desenvolve o assunto em uma lista. É o mais usado pelos alunos e professores e pode ser muito eficiente, pois o cérebro estabelece conexões entre os tópicos e os subtópicos, que, por não precisarem ser muito longos, economizam tempo. Nesse método, é importante abusar de palavras-chave nos títulos, que servirão de gatilho para sua memória na hora de revisar o conteúdo.

história antiga
GRÉCIA ANTIGA

1 CRONOLOGIA

> período Pré-homérico (6000 a.C. a 1100 a.C.)

> período Homérico (1100 a.C. a 800 a.C.)

> período Arcaico (800 a.C. a 500 a.C.)

> período Clássico (500 a.C. a 338 a.C.)

> período Helenístico (338 a.C. a 146 a.C.)

2 PERÍODO PRÉ-HOMÉRICO

> não existiu um empório centralizado na Grécia Antiga, os gregos eram falantes da mesma língua, os demais povos eram os "bárbaros".

> ocupação da região por cretenses, aqueus, dórios e jônios levou à formação da civilização grega.

3 PERÍODO HOMÉRICO

> formação dos "Oikos": comunidades autônomas –> produção agrícola para a subsistência –> poder político controlado pelo "Pater".

> final do período Homérico: crescimento populacional.

MÉTODO CORNELL

Leva o nome do psiquiatra alemão que o desenvolveu e consiste em dividir a folha de caderno em três partes (veja imagem de exemplo).

Na coluna maior você vai fazer anotações das aulas, usando esboços ou o que achar mais adequado. Na outra, vai escrever coisas como perguntas, palavras-chave, fórmulas, datas para decorar. E o quadro inferior será seu espaço de resumo, é onde você vai sintetizar em poucas linhas todas as anotações da página.

Esse método ajuda muito na hora da revisão, porque, se estiver com pressa, você pode ler apenas o quadro inferior, e a coluna menor contém gatilhos para memorizar o conteúdo! Uma dica interessante é cobrir a parte central de anotações e tentar falar sobre o assunto com base apenas nas palavras-chave.

Essa tabela também é uma grande aliada para estudar linguagens e redação. É só fazer uma pequena variação: divida uma folha em apenas duas colunas e faça dela um pequeno dicionário pessoal, escrevendo corretamente as palavras em que mais tem dificuldade. Toda vez que você for usar essas palavras, vai se lembrar do dicionário, e uma hora ele nem será mais necessário!

MÉTODO

CORNELL ADAPTADO

Como grande fã do método Cornell que sou, eu me inspiro nele para fazer também um esquema de perguntas e respostas. Não são só as perguntas que faço para estudar, mas também dúvidas que tenho sobre a matéria.

Eu pego uma folha e dobro no meio para dividi-la em dois lados, um para perguntas e outro para respostas. Na hora de estudar, deixo a parte de respostas dobrada e vou vendo o que já sei bem e o que preciso estudar mais! Além do mais, anotar minhas dúvidas garante que eu não vou esquecer de tirá-las com o professor ou pesquisar depois.

perguntas	*respostas*
1 Por que a crise de 1929 levou o nazismo ao poder?	Perguntar ao professor!
2 Por que os alemães não gostavam do Tratado de Versalhes?	Porque culpava a Alemanha pela Primeira Guerra e fazia o país pagar enormes indenizações.
3 Em que ano começou a Segunda Guerra Mundial?	A Segunda Guerra ocorreu entre 1939 e 1945.

MÉTODO

HOMEM-ARANHA

Desenvolvi esse esquema com muito amor e carinho e chamo de método Homem-Aranha porque é uma teia de informações: cheio de setas, sinais, palavras em lugares diferentes... Pode até parecer uma bagunça, contudo é um código de escrita que só você entende! Não precisa ser bonito, mas precisa ser minimamente organizado e fazer sentido para você, representar sua linha de raciocínio.

Esse método é mais rápido, porque jogamos tudo direto no papel à medida que pensamos e ouvimos.

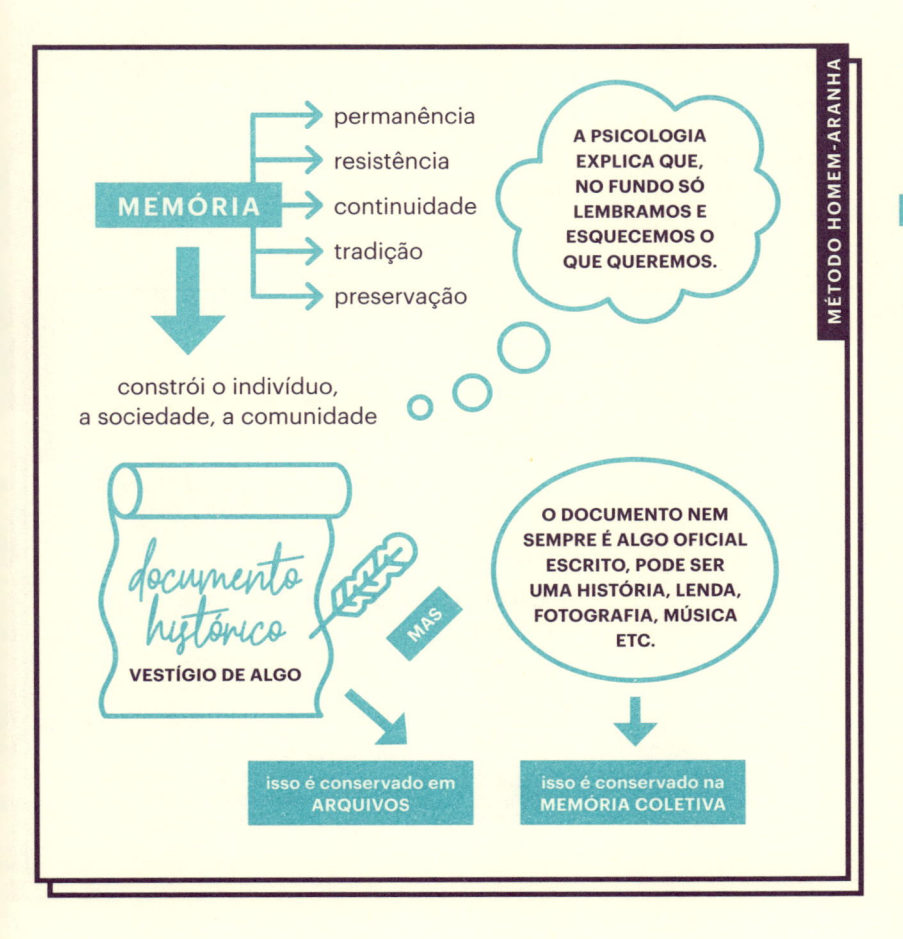

MAPA MENTAL

Muito semelhante ao método Homem-Aranha, temos o famoso mapa mental. Você começa com uma folha em branco e desenha no meio um círculo em que anota o tema principal. A partir daí, você monta sua teia de informações desenvolvendo esse tema. É como se o círculo do meio fosse um tópico do qual brotam os subtópicos e suas divisões.

O mapa mental também é um prato cheio para quem gosta de recursos visuais, com muitas cores e desenhos que tornam as anotações atraentes. A folha em branco dá muita liberdade criativa, e você pode criar seu próprio código de cores para os tópicos. Quando eu faço mapas mentais, meu código é usar cores mais quentes para as anotações mais importantes: conteúdos em vermelho e laranja são garantidos na prova, enquanto os tópicos em azul, roxo e verde eu só vou estudar se sobrar tempo. Caso você goste, pode desenhar ou usar adesivos para dar ainda mais destaque às suas anotações.

Além disso, tem a vantagem de que seu resumo ocupará apenas uma folha, então você pode revisar o conteúdo rapidamente antes das provas.

MAPA MENTAL

ILUMINISMO
• contestava a monarquia
• ideais burgueses
• liberdade

PROBLEMAS SOCIAIS
• fome
• altos impostos
• falta de recursos
• população não tinha direitos

POPULAÇÃO DIVIDIDA EM TRÊS ORDENS
• clero
• nobreza
• comuns (maioria)

causas da REVOLUÇÃO FRANCESA

CRISE FINANCEIRA
• nobreza gastava muito
• baixa produção agrícola
• poucos impostos sendo arrecadados
• dívida externa

MONARQUIA ABSOLUTISTA
• Luís XVI
• colocava o interesse pessoal acima do coletivo
• muito influenciado pela corte e por sua esposa

MÉTODO DOS CANTOS

E o último é um método preguiçoso, mas eficaz: escrever nos cantinhos dos materiais — livros didáticos, folhas avulsas e até slides! Caso você não consiga escrever nas margens tudo o que o professor diz, uma boa ideia (e bem rápida) é fazer apenas observações pontuais, complementares, ou pedir ao professor que lhe envie o material exibido em aula para você precisar escrever apenas o que não consta ali.

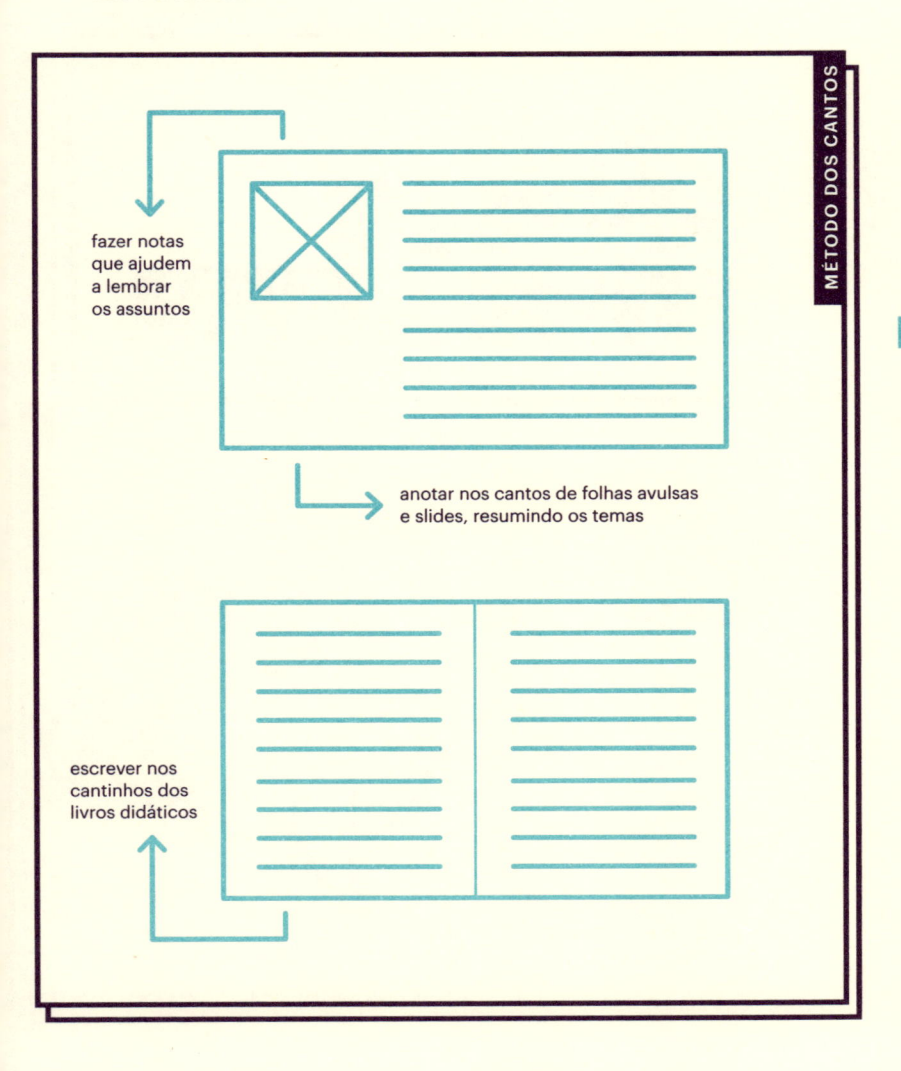

fazer notas que ajudem a lembrar os assuntos

anotar nos cantos de folhas avulsas e slides, resumindo os temas

escrever nos cantinhos dos livros didáticos

Seja qual for seu método, tenha em mente a importância de fazer anotações, pois uma hora sua memória vai falhar, e seus registros pessoais é que vão resgatar o conteúdo! Acima de tudo, tenha consciência de qual tipo de estudo funciona melhor para você e se adapta mais adequadamente à sua rotina. No próximo capítulo, vamos aprender a identificar que tipo de estudante você é, para ficar ainda mais fácil montar uma estratégia que o leve até seus objetivos.

8 os diferentes TIPOS DE ESTUDANTES

Um estudo desenvolvido por psicólogos e pedagogos dividiu o processo de aprendizagem em quatro tipos básicos: os estudantes visuais, os auditivos, os sinestésicos e os de leitura-escrita. É importante lembrar que todas as pessoas são diferentes e multifacetadas e que nunca existiu nem existirá alguém que se encaixe 100% em um único tipo de aprendizado. Todos temos um pouquinho de cada tipo de estudante, e entender quais são as nossas características ajuda a criar estratégias que se adaptam melhor a você — além de ser um grande passo para se conhecer e entender melhor como funciona sua mente durante a aquisição de conhecimento.

Durante as pesquisas sobre as formas de aprendizagem, uma descoberta interessante foi de que muitas vezes o que define o nosso aprendizado não é a forma como ele é apresentado, mas o significado que ele tem para nós. O que isso quer dizer? Que qualquer método de aprendizagem terá o mesmo efeito se o conteúdo tiver significado para o aluno.

A pesquisa **"Percepção do xadrez"** de Chase e Simon mostrou a vários jogadores um tabuleiro de um jogo inacabado e pediu a eles que, depois de alguns minutos de observação, mostrassem em um tabuleiro vazio onde estavam as peças. Os jogadores mais experientes memorizavam a posição de quase todas as peças, enquanto os novatos e as pessoas que não jogavam memorizavam em média quatro peças. Isso aconteceu porque aquela situação era muito mais familiar para quem jogava xadrez havia mais tempo — eles conseguiam, inclusive, imaginar estratégias e se posicionar dentro do tabuleiro —, mas aquilo não tinha muito sentido para os novatos e para quem não sabia as regras do jogo. Entretanto, quando os pesquisadores misturavam todas as peças de forma aleatória, todos falhavam, mesmo os jogadores mais experientes, pois o significado se perdia.

Assim, uma boa estratégia para todos os estudantes é sempre criar uma conexão com o assunto, entendendo-o bem e relacionando-o a algo de sua vida, algo que já tenha estudado ou alguma experiência pessoal. Traga o assunto para seu dia a dia e se envolva com aquilo! Desse modo, grande parte do caminho já estará percorrido e as dicas seguintes serão um complemento para seus estudos.

Agora, vamos entender quais são as características de cada tipo de estudante e dicas de recursos que favorecem seu estilo próprio de aprendizado. Veja qual se parece mais com o seu e experimente incorporar algumas técnicas que farão diferença no seu dia a dia.

APRENDIZAGEM

VISUAL

O primeiro tipo de estudante é o visual — basicamente, aquele que aprende melhor com a ajuda de imagens, vídeos, gráficos, cores... São pessoas atraídas pelo olhar! A dica mais óbvia é usar e abusar desses recursos.

> Sempre que possível, assista a um documentário sobre a matéria.

> Ilustre no caderno tudo que aprender; troque palavras por desenhos, por exemplo.

> Vale a pena investir no método do mapa mental e no método Homem-Aranha, que se baseiam em esquemas visuais.

> Por falar em anotações, abuse das cores, inclusive ao grifar trechos de livros.

> Para ter sempre algo à vista, vale também espalhar post-its, cartazes e folhas pela casa, ou reservar uma parede do quarto para essas anotações, assim você fica sempre exposto ao conteúdo.

APRENDIZAGEM

AUDITIVA

O segundo tipo de aprendizagem é o auditivo, em que o aluno se sai melhor ouvindo o que ele precisa saber. Existem várias formas de melhorar a absorção do conteúdo caso você se identifique com esse tipo.

Uma coisa que sempre gostei de fazer foi gravar as aulas na escola. Eu deixava o celular gravando enquanto prestava atenção e fazia anotações, e ouvia quando ia estudar ou no caminho de volta para casa.

Outra estratégia é assistir a videoaulas de pessoas diferentes falando sobre a mesma matéria; isso vai consolidar melhor o conteúdo. Durante o ensino médio, eu anotava quais tópicos haviam sido abordados em aula e, ao ver vídeos da matéria, conferia se tudo da aula havia sido revisado, se faltava alguma coisa ou se tinha aprendido algo a mais.

Outras dicas boas para esse tipo de estudante são algumas que já vimos (nos capítulos 1, 3 e 5, respectivamente):

> Tentar ler em voz alta, e falar! Ensinar a matéria para algum amigo ou familiar. Vale também gravar a si mesmo para refrescar a memória depois.

> Participar de um grupo de estudo, em que cada integrante fica responsável por um assunto e dá uma aula aos colegas.

> Pedir para alguém corrigir exercícios narrando o raciocínio para você.

APRENDIZAGEM

SINESTÉSICA

O terceiro tipo de estudante é o sinestésico, aquele que gosta de se mover, de pegar, de sentir o objeto de estudo. São pessoas que gostam de levar tudo para o lado prático e observar os fenômenos acontecendo. Apesar de ser mais trabalhoso estudar sempre tendo o objeto ao seu alcance, existem várias dicas para quem prefere esse tipo de aprendizagem.

Faça maquetes, modelos 3-D, ou vá ao laboratório ou a algum lugar que traga a matéria para o mundo real, que lhe permita ver na prática como aquilo acontece. Se não for possível, procure vídeos do fenômeno, animações, imagens realistas. Você também pode usar jogos e brincadeiras para aprender.

Pode parecer difícil fazer essas coisas, mas na verdade já estamos acostumados a usar essa técnica de estudo desde crianças. Quem nunca aprendeu sobre a fotossíntese plantando feijão num copo com algodão molhado? Muitos professores ensinam às crianças o conceito de fração partindo um alimento e mostrando que cada metade representa ½ do todo; usamos jogos para memorizar a tabuada; visitamos o zoológico para entender a cadeia alimentar, e por aí vai. Muitas pessoas são estudantes sinestésicos justamente porque faz todo sentido aprender algo tendo contato direto com objetos que tragam o abstrato para o concreto.

Outra coisa que vai ajudar muito você é explorar lugares diferentes: estudar a mesma matéria no seu quarto, na sala, na cozinha, no jardim, fora de casa. E essa não é uma dica apenas para os sinestésicos, mas para todos, porque isso ajuda o cérebro a memorizar e até mesmo impede que tenhamos o famoso branco na hora da prova. Esse fenômeno tão inconveniente acontece não apenas por nervosismo, mas porque muitas vezes associamos a matéria a determinado objeto do ambiente em que estamos estudando (a parede ou os enfeites na mesa, por exemplo), e na hora da prova, quando o objeto não está presente, seu cérebro "esquece" a matéria porque não encontra a referência. Logo, tente estudar o mesmo assunto em lugares diferentes.

Uma outra forma muito divertida de incrementar seus estudos é fazer um registro em 3-D. Sabe naquelas séries ou em filmes policiais, em que os investigadores colocam uma foto na parede, prendem com um barbante em outra foto, pregam uma reportagem de jornal, e então fazem toda aquela teia para descobrir quem cometeu o assassinato? Pois então: se você for um estudante sinestésico criativo, isso pode ajudar! Experimente fazer uma anotação no método Homem-Aranha fora do papel. Seu quarto de estudos vai ficar muito descolado e você vai aprender de uma forma muito mais divertida.

APRENDIZAGEM

LEITURA-ESCRITA

O último tipo de estudante é aquele que aprende melhor lendo o conteúdo a absorver e escrevendo o que ele aprendeu. Essa é a maneira mais conhecida e mais tradicional de se estudar, mas é importante saber que esse é apenas um tipo possível de aprendizado. Muitas pessoas se sentem estudantes fracassados porque não se adaptam bem com a leitura e escrita, daí a importância de conhecer outros estilos. Como esse é o método de ensino aplicado na maior parte das escolas (em que o professor fala e escreve na lousa), o estudante que aprende bem dessa forma acaba tendo mais facilidade em absorver o conteúdo da aula. Mesmo sendo o tipo mais conhecido, existem algumas dicas interessantes para esses estudantes.

Primeiro, ler várias vezes o livro didático, os cadernos e as anotações, fazendo resumos. Tente explicar um capítulo grande em poucas linhas, ou mesmo em uma única frase. Uma coisa que me ajuda muito é, sempre que eu termino de ler um capítulo, voltar para o título e pensar: "Por que o nome do capítulo é esse?". Caso não tenha título, eu invento. O autor do livro deu o nome aos capítulos depois de escrever o conteúdo, então, se você entendeu o porquê do título, é sinal de que entendeu o que ele quis dizer.

Outra coisa que vai ajudar muito você é ler fontes diferentes sobre o mesmo assunto, da mesma maneira que o estudante visual vai se dar bem vendo vídeos e imagens diferentes sobre a mesma matéria.

Por fim, uma dica matadora é transformar os diagramas e imagens em textos. Como assim? Ora, o estudante visual não aprende melhor com imagens? Se você prefere texto, então transforme a imagem em texto. Por exemplo, aquele clássico diagrama do ciclo da água, que todo mundo já viu um dia: pegue essa imagem e descreva em palavras cada processo.

É importante entender que cada pessoa é diferente e tem seu jeitinho de aprender. Ninguém é melhor ou pior, só temos que nos adaptar a nossas dificuldades e habilidades! Lembre-se também de que todos temos um pouco de cada tipo de estudante, e só se conhecendo um pouquinho melhor a cada dia você vai conseguir colocar as dicas em prática e adaptá-las à sua rotina.

9 *para* MEMORIZAR

Estudar é um investimento de longo prazo, ou seja, não é algo que fazemos uma vez e acabou, é um tempo que investimos para adquirir um conhecimento que, se tudo der certo, se enraizará e ficará na nossa cabeça por um bom tempo. Um grande desafio que todos os estudantes enfrentam é justamente manter esses conteúdos ativos e não perdê-los — e é aí que entra a memorização e a compreensão.

É importante diferenciar a memorização da decoreba, um termo muito popular para descrever algo que temos que saber sem compreender. Decorar é visto negativamente não apenas porque é difícil nos lembrarmos de algo que não faz sentido para nós, mas porque é um conhecimento frágil: sem compreender e sem praticar um conteúdo, ele será esquecido em pouco tempo.

Por isso, vamos nos concentrar em compreender e memorizar, para formarmos um conhecimento sólido.

A primeira dica é para memorizar datas ou coisas referentes a números: eu faço uma espécie de frase usando as letras correspondentes àqueles números. Seguindo a ordem das letras no alfabeto, a letra A é o número 1, a letra B é o número 2, a letra C é o número 3 e assim por diante.

Vamos usar como exemplo a Revolução Francesa, que ocorreu em 1789. Eu tinha muita dificuldade para me lembrar desse ano, então fiz o quê? Ana Ganhou Hienas Incríveis, porque um dos bichos favoritos da minha irmã, Ana, é a hiena. É uma frase bem boba, mas eu nunca mais esqueci o ano! Assim como os jogadores de xadrez do capítulo anterior, eu só memorizei essa informação quando ela passou a ter significado para mim. Ao relacionar à minha irmã, eu coloquei a Revolução Francesa na minha vida e consegui memorizar essa data.

Já com fórmulas, uma estratégia muito antiga mas que sempre dá certo é criar uma frase atribuindo outras palavras às letras. É o famoso $D = V \cdot T$ (distância é igual a velocidade vezes tempo), que virou "Deus Vê Tudo". É simples e eficiente, até hoje eu sei algumas fórmulas de física graças a isso.

Outra dica que todo mundo usa muitas vezes sem nem perceber é a associação de ideias: ligar uma coisa de que você gosta a outra de que você não gosta, ou conectar determinado conteúdo a algo do seu repertório. Por exemplo: quando falamos sobre a Revolução Francesa, entendemos a diferença entre os grupos jacobinos e girondinos e como eles originaram os conceitos políticos de "direita" e "esquerda". Para memorizar quem era de direita e quem era de esquerda, eu sempre recomendo pensar nas próprias iniciais dos nomes dos grupos: o G é aberto para a direita, enquanto o J é aberto para a esquerda. É uma coincidência que me fez lembrar que os girondinos são a direita e os jacobinos, a esquerda! Muito simples, e eu nunca mais esqueci.

Outra história engraçada que eu tenho com a associação são os estilos literários. No terceiro ano, eu tinha um amigo que odiava literatura, porque não conseguia aprender de jeito nenhum. Aí eu perguntei para ele: "Você não gosta de literatura, então do que você gosta?". Ele falou que gostava de música, principalmente de sertanejo. E eu falei: "Vou te ensinar literatura usando sertanejo".

O que eu fiz foi associar cada estilo literário a um cantor que ele gostava de ouvir. Esse meu amigo até já passou no vestibular para medicina e ainda hoje, se ler Álvares de Azevedo, ele pensa no Luan Santana e sabe que é um texto romântico. (E olha que ele dizia odiar literatura!) Isso porque os poemas desse autor são muito apaixonados e muito fatalistas: ele está sempre sofrendo por amor e longe da mulher que deseja, assim como as músicas do Luan Santana, que está sempre de coração partido. Para continuar a associação de ideias, você pode criar histórias, músicas e rimas. Quem nunca decorou alguma fórmula com música? Para mim, não tem erro!

Outra ideia é associar palavras fáceis a palavras difíceis. Foi como eu decorei o nome do meu professor de sociologia, que se chama Bráulio. Sempre que o via, eu pensava propositalmente em brownie. Brownie... Bráulio!

Eu sei que muitas pessoas usam a repetição para ajudar a se lembrar do que estudam: lendo o mesmo conteúdo muitas vezes, falando em voz alta muitas vezes. A **terceira dica** de memorização é fazer isso em lugares diferentes, como já expliquei no capítulo anterior.

A **última dica** é uma estratégia muito popular e eficaz: distribuir pela casa e pelo seu material papéis e post-its com anotações importantes. Eu gostava muito de colocar no boxe do banheiro as fórmulas que tinha que memorizar, para ficar lendo no banho! (O papel ficava dentro de um plástico, claro.)

Essa dica é um prato cheio para quem tem memória fotográfica. É muito legal usar e abusar de imagens, fazer mapas mentais bem bonitos e coloridos e encher seu campo de visão com a matéria.

10 como estudar NO CELULAR

O avanço da tecnologia e sua popularização são uma questão que tem sido muito discutida entre educadores. Se antes era raro que escolas tivessem computadores e acesso à internet, atualmente a maior parte dos alunos possui smartphones e outros aparelhos que podem se tornar vilões ou parceiros do aprendizado. Ao mesmo tempo que oferecem distrações tentadoras, os celulares são equipamentos com múltiplas funções que, se usadas com responsabilidade, auxiliam nos estudos. Veremos agora, portanto, várias dicas e sugestões quanto ao uso do celular para quem está estudando.

A primeira dica é você ter **horário marcado** para estudar. Isso é válido especialmente para quem estuda a maior parte do tempo em casa, pois, assim como num emprego, em que os funcionários têm horário para entrar e sair, precisamos ter compromisso com nossos estudos; aliás, muitas pessoas estudam por profissão. Seguir um horário não só ajuda a aproveitar melhor seus momentos de concentração, pois você acaba se conhecendo melhor e sabe quando rende mais, mas quando acabar seu "expediente" você vai descansar sem peso na consciência.

Eu, por exemplo, fico em casa estudando e trabalhando ao computador todas as segundas-feiras. Defini que estudo das 8 às 12 horas e que trabalho das 13 às 18. Nesses períodos, eu bloqueio as redes sociais e me concentro na tarefa à minha frente. É uma delícia a sensação de que aproveitei cada minuto de trabalho!

O celular pode ajudar muitíssimo nesse aspecto: use o timer (principalmente caso você use o método Pomodoro) e o despertador para regular seus horários. Também vale bloquear o acesso ou até apagar os aplicativos que distraem você, como jogos ou redes sociais. Eu também gosto de, no fim do dia, ver quantas horas fiquei no celular (existem aplicativos que calculam seu tempo de tela) e vou me policiando para gastar cada vez menos. Quando comecei a verificar, minha média era de cinco horas por dia, e atualmente reduziu para três horas!

A segunda dica é usar **aplicativos**, principalmente de jogos, quiz, de perguntas e, claro, de exercícios. Existem vários desses disponíveis (muitos gratuitos) para quem quer estudar com a ajuda do celular. É legal não apenas por ser uma forma divertida e diferente de estudar, mas também porque nos permite exercitar o conteúdo e aprender naquelas situações em que não daria para abrir um livro, espalhar o material e começar a estudar à vontade — como no transporte, na fila do banco, na sala de espera do médico... Nessas horas, o celular é um grande aliado!

A terceira dica são os **grupos de estudos**. Já falamos sobre como é bom ter pessoas ao seu redor com os mesmos objetivos que os seus, motivando você e trocando conhecimento; assim, é uma ideia interessante usar o celular para entrar em contato com essas pessoas e compartilhar sua rotina e suas dificuldades.

Entretanto, é necessário ter disciplina, para que o grupo não se torne uma distração: separe os estudos da sua vida pessoal e não deixe o grupo ser muito extenso, para que os membros permaneçam focados.

A quarta dica é usar o celular para ver **videoaulas**. Da mesma maneira que os jogos e aplicativos, essas aulas são uma maneira prática de estudar, já que você pode assistir nos momentos livres ou apenas ouvir, o que é especialmente útil para quem passa muito tempo no caminho para a aula ou para o trabalho.

Outra coisa que me ajudou muito foi ter duas contas no YouTube: uma pessoal, para seguir os canais de entretenimento a que assisto nos momentos livres, e uma de estudante, para seguir só professores e canais de aulas. Isso salvou meu vestibular, pois eu não apenas evitava distrações como o próprio YouTube me sugeria cada vez mais vídeos educativos. Eu acabava fazendo maratonas de videoaulas!

A quinta dica é aproveitar os aplicativos de **notícias**, ou seguir em redes sociais jornalistas e páginas informativas. Além de aumentar nosso volume de leitura e enriquecer nossa formação pessoal, isso é essencial para deixar os vestibulandos com uma boa noção de atualidades.

Eu dou uma olhada sempre que posso, ou então aparecem notificações no celular. "Acabou de acontecer uma votação do Senado", ou "Como andam os conflitos no Oriente Médio". Além disso, se você seguir jornalistas e páginas no Facebook, no Twitter, no Instagram, enfim, nas redes sociais, você vai conseguir aprender um pouquinho mais no seu momento de lazer, sem muito esforço. E é sempre importante ressaltar: mantenha-se atualizado por fontes confiáveis! Siga as páginas de jornais reconhecidos e se inteire dos assuntos através de matérias escritas por jornalistas sérios.

A sexta dica, que sempre salva minha vida, é: quando você não pode esquecer alguma coisa, coloque no plano de fundo do celular. Dessa forma, sempre que desbloquear a tela você vai ler a mensagem e se lembrar da tarefa importante. Ou então vai ver seu calendário de provas, seu horário de aulas etc. Eu sempre faço isso no início do ano, para decorar meus horários; depois que memorizo, é só trocar a imagem.

Como passamos muito tempo olhando para a tela, não podemos desperdiçar esse espaço. Sei que a foto do seu cachorrinho é fofa, mas talvez ele possa dar espaço para alguns lembretes de vez em quando.

A sétima dica é usar o celular para gravar aulas ou gravar a si mesmo falando sobre determinada matéria para escutar depois. Algo que faço muito na faculdade (e que fiz durante o ensino médio) é deixar na mesa o celular com o gravador ligado, ou então, quando estou estudando, pego o aparelho e começo a expor a matéria para mim mesma, gravando minha própria aula.

Essa dica é muito útil principalmente para quem não consegue escrever tudo que o professor fala em sala. Gravando a aula, você pode prestar 100% de atenção num primeiro momento e, em casa, ouvir com mais calma, fazendo anotações cuidadosas.

A oitava dica é fazer álbuns de fotos das matérias, com imagens de resumos e fotos do quadro-negro, por exemplo. Por quê? Uma coisa que fazemos muito na escola é: a gente tira uma foto do quadro, tira uma foto do caderno, tira uma foto de um exercício... mas acaba esquecendo! Fica tudo perdido entre as centenas de fotos que temos no celular. Mas se você organizar um álbum para cada matéria, não vai correr o risco de perder esse conteúdo e ainda vai ter um "caderno virtual" para consultar a qualquer momento. Também vale colocar imagens históricas, esquemas e mapas mentais encontrados na internet, para enriquecer ainda mais seu álbum.

como estudar com pouco tempo

E SER MAIS PRODUTIVO

11

Agora, veremos outras dicas importantes e muito úteis para aproveitar seu tempo de estudo. Nós, estudantes, vivemos a maior parte do tempo envolvidos em múltiplas tarefas — aula, trabalho e compromissos do dia a dia —, de modo que nos resta pouco tempo para estudar. Por isso, é importante aprender a otimizar o tempo.

A primeira dica é algo que eu uso muito, e não só nos estudos, mas em outras áreas da minha vida. É o que eu chamo de Lei do Máximo Possível.

Lei do Máximo Possível

No que consiste a Lei do Máximo Possível? É você determinar o tempo que tem disponível e fazer tudo que for possível naquele período. Por exemplo, você só tem uma hora livre? Acione o cronômetro e aproveite essa uma hora para estudar o máximo que conseguir.

Isso funciona por quê? Porque muitas vezes acabamos pensando: "Nossa, eu só tenho vinte minutos, não vai dar para nada". Assim, em vez de fazermos uso desse pouco tempo, procrastinamos e acabamos aproveitando 0% do que tínhamos só porque não poderíamos aproveitar 100%.

A Lei do Máximo Possível é para evitar justamente isso. Mesmo que sobre pouco tempo, aproveite para adiantar suas tarefas, fazer uma leitura curta, uma revisão rápida etc. Eu determino: "Tenho quinze minutos, vou ler o máximo do livro didático que eu conseguir nesse tempo. Vou escrever o máximo de resumo desse texto em quinze minutos. Vou fazer o máximo de exercícios em quinze minutos".

Também é possível usar isso em outros momentos do dia a dia. De manhã, por exemplo, quando saio de casa apressada, tenho geralmente três, quatro minutos para arrumar meu quarto. Eu coloco esse tempo no cronômetro e, mesmo estando uma total bagunça, arrumo o que dá para arrumar nesses poucos minutos. Quando acaba o tempo, eu paro e deixo do jeito que está, porque tenho que sair, mas já adianta muito, dá para organizar um bocado de coisas.

Essa dica é sucesso garantido.

A segunda dica é simples, mas muito importante: desligue as notificações do celular e **evite distrações**. Nem preciso explicar por quê, certo? Se você não for usar o aparelho para estudar, deixe-o com outra pessoa ou em outro cômodo, pois é muito fácil burlar sua própria proibição se ele estiver perto de você; caso tenha que pegá-lo com alguém, você vai pensar duas vezes antes de mostrar a ela que está burlando seu tempo de estudos.

A terceira dica é definir **metas e recompensas**. Todos os dias temos algumas atividades para fazer, mas muitas vezes não é possível cumprir todas, então seja realista. Por exemplo: "Hoje eu não tenho tempo de fazer todos os exercícios, mas dá tempo de estudar matemática e geografia".

E também estabeleça recompensas, como: "Se hoje eu conseguir cumprir minha meta de estudo de matemática e geografia, vou poder assistir a um episódio da minha série favorita". Isso traz uma satisfação enorme, não apenas em ganhar a recompensa, mas em saber que você fez um bom trabalho.

A quarta dica é usar o **método Pomodoro**, sobre o qual já falamos tanto aqui no livro. Ele é ótimo para quem tem muitos afazeres, pois divide o estudo em pequenos blocos de tempo.

A quinta dica é **estudar em grupo**. Se você fizer isso corretamente, vai poupar bastante tempo. Muita gente não sabe estudar em grupo, se reúne com os amigos e acaba se distraindo. Isso não ajuda muito — pelo contrário, atrapalha. Para um grupo de estudo ser produtivo, experimente aquela ideia que eu expliquei no capítulo 3, de dividir a matéria entre os integrantes do grupo. Você vai economizar tempo porque, em vez de estudar profundamente todas as matérias, vai estudar uma só, e com a vantagem de que, ao ensinar a seus amigos, vai fixar melhor o conteúdo.

A sexta dica é fazer as tarefas mais difíceis no período do dia em que você tem seu **pico de energia**, isto é, quando você está mais desperto e ativo. Eu, por exemplo, prefiro acordar cedo para estudar a ir dormir tarde, mas eu sei que tem muita gente que adora estudar de madrugada.

Deixe as coisas que exigem mais esforço, ou as mais urgentes, para esse momento de pico de energia. Eu moro em frente a uma escola infantil e sei que às nove da manhã é muito difícil estudar, pois as crianças estão no recreio e fazem muito barulho. Nessa hora, eu faço uma pausa nos meus estudos ou passo para uma matéria mais leve. As mais difíceis eu estudo de manhã cedo, quando a vizinhança está silenciosa e eu tenho mais energia.

Planejar-se bem e conhecer seu ritmo é fundamental para um bom esquema de estudos, como já vimos nos capítulos anteriores, mas entender os melhores horários no seu ambiente de estudos também é muito importante.

A sétima dica para estudar quando se tem pouco tempo é usar resumos ou exercícios. Em vez de ler o livro didático inteiro, digamos, você pode ler tópicos curtos, ou, se estiver estudando matemática, às vezes é melhor investir seu tempo em exercícios em vez de se debruçar sobre a teoria. Ou seja, priorize suas necessidades e os recursos que fazem você absorver melhor o conteúdo.

A oitava dica é colocar alguma matéria no celular para poder estudar no ônibus, no metrô, na fila do banco etc. Lembram-se das dicas do capítulo anterior? A gente perde muito tempo com trivialidades do dia a dia, e o celular pode ajudar a aproveitar esses momentos fora de casa ou do seu ambiente-padrão de estudo.

Algumas ideias práticas:

> baixar videoaulas no celular;

> gravar a si mesmo falando sobre a matéria ou gravar a aula;

> fazer uma pasta com fotos de esquemas e resumos de biologia, química, física.

Essas são formas de levar o material de estudo aonde quer que você vá. E é um estudo muito mais descontraído do que ficar lendo e escrevendo.

Por fim, a nona dica é ter sempre à vista um calendário com todas as provas e os compromissos da sua vida escolar. O meu está sempre ao alcance da mão, para eu nunca esquecer nenhum trabalho e nenhuma prova. Isso também me ajuda muito quando estou na correria. Minha próxima prova é de matemática? Então vou investir o pouco tempo que eu tenho estudando matemática. Prioridades.

Tenha sempre um calendário à vista, seja de papel ou no celular (que ainda oferece um despertador para não deixar você esquecer nada).

recapitulando

1. Lei do Máximo Possível

2. Eliminar distrações

3. Definir metas e recompensas

4. Método Pomodoro

5. Grupos de estudo

6. Encontrar seu pico de energia

7. Investir em resumos e exercícios

8. Usar o celular

9. Manter um calendário

mantendo a MOTIVAÇÃO

12

Apesar de ser só uma pequena parte deste livro, para mim, este capítulo é um dos mais importantes.

Vamos falar sobre motivação?

De acordo com o dicionário, motivar é despertar o interesse por algo; já para a psicologia, é o conjunto de razões pelas quais alguém age de certa forma, dando origem a um movimento consciente. A motivação é o que nos move, o que nos dá forças para realizar ações em busca de um objetivo. O tempo todo estamos fazendo uma série de atividades, almejando uma série de coisas, e, mesmo sem perceber, algo nos impele a isso tudo.

Dessa forma, não é possível tratar de estudos sem trabalhar a motivação. Porque estudar demanda muito tempo e energia, e quem não tem objetivos a alcançar com isso não terá forças para ir até o final. Não é raro que as dificuldades nos façam perder o gás e desistir. Nessa hora, além dos cuidados com a saúde física, precisamos cuidar também da saúde mental, pois o estresse vai chegar e devemos estar prontos para lidar com ele.

Portanto, saiba que momentos de fraqueza e preguiça são normais e esperados. Ninguém consegue se manter a mil o tempo todo, todos temos nossos limites. As pessoas ao nosso redor nos cobram muito, mas há casos em que somos nós mesmos a exigir demais da nossa concentração. Todos temos dias difíceis, em que parece que o tempo não passa e a vontade de hibernar como um urso-pardo é bastante tentadora, mas reflita: se você está lendo este livro, é porque já sobreviveu a todos os dias ruins que teve na vida! Como somos fortes, não é mesmo?

E, sejamos honestos, o único segredo para a motivação é ter motivos. Parece óbvio, mas raramente paramos para pensar no que estamos buscando alcançar com o tempo que gastamos em múltiplas tarefas. Você está lendo um livro agora mesmo. O que você quer com isso? Quer treinar a leitura? Aprender a se concentrar? Aprender a escrever uma redação? Aprender táticas para se sair bem em uma prova? Da mesma maneira, o que está fazendo você gastar seu tempo na escola, no cursinho? O que leva você a estudar? A pergunta à qual eu quero chegar é: Quais são seus objetivos? No fundo, todos temos sonhos, e são eles que nos fazem sair da zona de conforto em busca de algo. Esses sonhos é que vão fazer você sair da cama em um dia difícil, eles é que vão lhe dar forças para estudar mesmo quando as distrações estiverem tentadoras.

Além disso, é importante ter planos de ação: você já sabe mais ou menos aonde quer chegar, mas como vai fazer isso? Quando eu estava estudando para o vestibular, meu objetivo era passar para história na universidade federal do meu estado, Minas Gerais. Para isso, eu tracei um plano: estudar várias horas por dia, fazer aulas de reforço em matemática se precisasse, escrever uma redação por semana, entre outras coisas. Só que, bem, nada na vida é certo, e para me manter mais segura eu tracei também planos reserva. Fiz uma lista de universidades federais em cidades com baixo custo de vida, para o caso de eu não conseguir entrar para a que eu mais queria. Também pesquisei o preço das mensalidades de três universidades particulares da minha cidade e me inscrevi para concorrer a bolsas de estudo. Fiz planos A, B e C! Até planejei como faria se tudo desse errado e precisasse trocar de curso ou estudar em casa para o vestibular do ano seguinte.

Fazer vários planos e estar aberta à possibilidade de que as coisas não saíssem como eu esperava me deu muito mais segurança quando eu estava estudando. Saber que, de um jeito ou de outro, eu faria dar certo foi um fator determinante para não desistir dos estudos antes da hora. Por mais irônico que seja, perceber que eu não tinha garantia de nada me fez ficar mais calma, pois criei expectativas reais e me preparei psicologicamente tanto para o sucesso quanto para uma segunda tentativa.

Então, separei algumas dicas práticas para você se manter motivado, afinal, é normal ir se desgastando no decorrer do ano letivo, e nesses momentos o descanso físico e mental é a chave para seguir firme até alcançar seu objetivo.

A primeira dica é ter um quadro de motivação. É importante que você tenha alguma coisa física, como um quadro, uma imagem, um caderno, onde você escreva aonde quer chegar e quais são seus planos. Inclua frases motivacionais, fotos de pessoas que lhe são importantes, de momentos importantes que você viveu. Alguma coisa que, ao ver, você se lembre do seu sonho.

A segunda dica é escrever uma **carta para si mesmo**, que você vai ler no final do ano. Ou então escreva uma carta que o coloque para cima sempre que estiver passando por um momento difícil. Outra coisa muito legal é pedir para a sua família, seus amigos, enfim, as pessoas que são significativas na sua vida lhe escreverem uma carta motivadora, falando o tanto que se importam com você; quando estiver precisando de um apoio, pegue essas cartas e vai ver que é importante para muitas pessoas, que elas acreditam em você.

Uma terceira dica que faz muita diferença é você **anotar tudo que gostaria de estar fazendo** enquanto está estudando. Às vezes, durante a semana, eu morro de vontade de ver uma série, mas tenho que estudar. Nesses momentos, quando deixo de fazer algo que eu quero, costumo anotar: "Deixei de assistir à minha série, deixei de sair com os meus amigos". E aí, no fim de semana, que é quando tenho tempo, eu pego essa lista e faço tudo que tive vontade. Porque isso me dá a seguinte sensação: "Eu abri mão disso antes, mas consegui recuperar, agora eu mereço isso".

Às vezes passamos tanto tempo estudando ou trabalhando que não sabemos o que fazer quando temos tempo livre! É nessa hora que a lista fica ainda mais importante.

A quarta dica: é necessário que você tenha uma **rotina gostosa de estudos**. Eu estudo no meu quarto e, antes de começar, sempre abro a janela, porque gosto de sol. Sabe aquelas velas perfumadas que têm cheiro de chocolate, de menta? Acendo uma dessas. Às vezes coloco uma música bem baixinho... Enfim, crio um clima agradável que vai me dar vontade de estudar. Às vezes até penso: "Nossa, estou ansiosa para entrar no meu quarto, que é todo silencioso, calmo, e estudar". Ter uma rotina gostosa de estudos é algo que me deixa muito motivada.

A quinta dica, que vai deixar você mais leve, é **nunca se comparar** com ninguém. Infelizmente, não apenas nós mesmos, mas nossos amigos e familiares criam uma pressão enorme e colocam no estudante grandes expectativas: que ele seja o orgulho da família, que tenha a carreira dos sonhos, que seja como alguém que eles têm como modelo... Não podemos esquecer que não conhecemos verdadeiramente ninguém além de nós mesmos, não vivemos na pele das outras pessoas e não sabemos a verdadeira luta delas.

É injusto achar que seu primo, seu amigo ou o menino de catorze anos que passou para medicina são superiores e que você tem que ser como eles, porque cada pessoa está travando sua própria batalha, que nós não conhecemos, e não vale a pena se comparar assim. Se você não falaria para um amigo que ele é burro, que ele não consegue aprender, por que fala isso para si mesmo? Às vezes, quando a pressão é grande, acabamos sendo cruéis conosco, nos exigindo demais e gerando grande ansiedade. Você não deve ser como ninguém e não deve ser superior a ninguém. Para passar no vestibular, não é preciso ser melhor que os outros, é preciso ser melhor do que quem você era quando começou a estudar para aquela prova. É preciso se superar a cada dia, e, se você está lendo este livro, já está nesse caminho!

Por último, vale lembrar que, assim como é muito importante saber aonde se quer chegar, eu acho fundamental que a gente lembre de onde saiu. Que hoje você está prestando vestibular porque já passou pelo primeiro e pelo segundo anos, pelo menos.

Se hoje estamos tendo dificuldade com equação de segundo grau, é porque um dia tivemos a disposição de aprender a somar, a subtrair.

Se hoje estamos aqui vivos e inteiros, é porque conseguimos sobreviver a todos os nossos dias ruins. Então, não vai ter deprê que não consiga superar, você já chegou até aqui, você consegue, está tudo nas suas mãos.

A gente é muito forte, no final das contas.

2

A REDAÇÃO

o que é a REDAÇÃO

13

A redação

Um dos objetivos deste livro é desmistificar a redação. Ela não é um monstro embaixo da sua cama, é uma folha em branco que você preenche atendendo aos requisitos de estrutura, tema e argumentação. Dentro disso, ela pode ser feita como você quiser. Como eu disse, é importante levar simplicidade à escrita, mas também devemos simplificar nossos medos.

Um dos maiores desafios que tive, e que tento quebrar ao falar sobre redação, foi por causa do mito de que a escrita é um dragão indomável pronto para nos engolir. Antes de entender o que era de fato uma redação, eu tinha uma ideia equivocada de que se tratava de algo extremamente difícil, impossível de ser realizado. Era como se passassem uma corda nos meus pulsos e dessem um nó — eu via todas aquelas curvas, aquelas dobras e tinha medo da dificuldade, mas, ao desembolar e ver que não passava de uma corda, meu coração se acalmou. Isso acontece quando estudamos e compreendemos a redação: desfazemos o nó e descobrimos a simplicidade de um fio, com início, meio e fim.

Conquistar essa paz foi fundamental para meus estudos e meu sucesso, pois vi que era possível, que qualquer um é capaz de escrever. É esse nó que espero desfazer aqui nesta segunda parte do livro, e é essa tranquilidade que devemos ter para enfrentar qualquer desafio: saber que, por mais que a aparência seja amedrontadora, todo nó pode ser desfeito.

Usando o modelo Enem como base, vamos resumir o que é uma redação: um texto de no máximo trinta linhas, com três ou quatro parágrafos, contendo introdução, desenvolvimento e proposta de intervenção.

Esse texto deve defender seu ponto de vista. Mas não se engane, pois não é um texto em primeira pessoa. Você jamais deve escrever "eu acho", "acredito que", "na minha opinião" ou qualquer coisa do tipo, e sim sugerir mudanças e convencer o leitor de que elas serão eficientes para resolver o problema apresentado.

Agora, vamos dissecar a redação para que todas as partes estejam claras e deixem de ser amedrontadoras para você.

A PROPOSTA

No meio do caderno de questões do Enem está a proposta de redação. Ela ocupa uma página e geralmente tem três textos motivadores além da proposta em si, com o tema da redação. Os textos motivadores podem ser trechos de reportagens, gráficos, imagens, tirinhas ou qualquer tipo de mídia relacionada ao tema da redação, e servem basicamente para motivar, inspirar e, acima de tudo, fornecer argumentos. Muita gente acha que os textos motivadores não servem para nada, mas eles explicam o tema proposto e trazem dados que você pode usar para fortalecer seu ponto de vista.

Na proposta de 2015, por exemplo, os textos motivadores traziam pesquisas mostrando que os índices de feminicídio no Brasil estão cada vez maiores. Logo, se você quer defender que a violência contra a mulher continua sendo um problema no país, utilizar esses dados cairia bem, certo? Então, o que precisamos fazer em primeiro lugar é: **ler o tema da redação, ler os textos motivadores e pensar: "Quais caixinhas esse tema abre na minha cabeça?** Ele me lembra algum livro, filme ou pesquisa que eu tenha visto? O que acho dessa situação e como é possível resolvê-la?".

Mas cuidado! Não se apoie completamente nos textos motivadores, citando todos os dados que eles mostram, pois uma característica valorizada pela correção é a autoria da sua redação. Ou seja, a bagagem cultural que você já tinha, o pedacinho de você que ficou naquelas linhas. E, apesar de muitos acharem que imprimir autoria ao texto é difícil, acredito que é a parte mais fácil do trabalho, pois, apesar de existirem temas mais difíceis ou mais fáceis, nenhum será totalmente estranho para você. Você vai descobrir que sua cabecinha pensante tem, sim, algo para acrescentar sobre qualquer assunto.

Algo que me ajuda muito é ler o tema e passar alguns minutos fazendo questões de linguagens ou humanas (gosto de fazer as questões de língua estrangeira), pois durante esse tempo eu me ocupo enquanto outra parte do meu cérebro, sem perceber, está procurando argumentos e vasculhando a memória em busca de elementos que podem ser explorados na redação (sim, nossa cabecinha pensante tem essa habilidade).

OS TRÊS NÃOS

Lembremos também que toda prova estipula um limite de tempo para a redação — e ainda temos que fazer todas as outras questões. Por isso, eu tenho algumas dicas importantes para pensar a redação.

NÃO faça a redação com pressa, pois ela é muito valiosa;

NÃO escreva direto na folha de respostas, faça um rascunho;

NÃO perca muito tempo olhando para o teto e esperando a inspiração e o espírito flutuante do Castro Alves baixarem em você.

A redação conta muitos pontos em quase todas as provas, especialmente no Enem, então não desperdice seus preciosos pontinhos ao escrever com pressa nos últimos quinze minutos de prova. **Fazer um rascunho é fundamental**. É muito difícil que um texto saia perfeito na primeira tentativa. Aproveite que você pode escrever e depois passar a limpo. Quando terminar a redação, ocupe-se com outra parte da prova e depois releia o que escreveu antes de passar para a folha de respostas: isso aumenta muito as chances de você encontrar erros que não tinha visto na primeira vez. Leia palavra por palavra, atento à gramática e à ortografia e conferindo se sua letra está legível.

Por fim, uma atitude fundamental na hora da prova é **manter a calma**. Eu sei que o vestibular é um período de extremo estresse, mas podemos evitar ou pelo menos aliviar isso! Primeiro, tenha em mente que você estudou para essa prova. Pode não ter sido um estudo árduo de dez horas diárias seguidas, mas você não está chegando sem saber nada. Também tenha em mente que milhões de pessoas estarão fazendo a prova, e a maior parte delas também vai estar com medo. Você não é o único a ter dificuldade em lidar com o tempo, as questões e o tema da redação. Se for um tema extraordinariamente difícil, todo mundo vai se assustar! O que faz diferença não é necessariamente seu conhecimento técnico de redação, e sim como você organiza suas ideias e lida com o nervosismo na hora da prova. Acredite: sabendo definir uma boa estrutura e ficando calmo, você vai se sair bem. Eu confio em você e acredito na sua capacidade de governar suas emoções durante as horas de prova.

como minha redação VAI SER CORRIGIDA

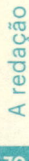

Antes de explicar passo a passo como fazer a redação, precisamos saber como ela será corrigida. É fundamental que isso venha antes, pois, entendendo o que os corretores vão procurar, poderemos fazê-la de forma que eles encontrem tudo e lhe deem uma boa nota. Este é um dos segredos do Enem: a redação não é corrigida arbitrariamente, é um processo meticuloso que, se conhecermos bem, fica mais fácil atender aos requisitos.

Sua redação será corrigida por mais de uma pessoa, que não saberá absolutamente nada sobre você, nem seu nome. É o que garante uma correção eficiente e imparcial. Por isso, jamais escreva seu nome, cartinhas ou recados para os corretores, nem desenhos de qualquer tipo. **Isso pode zerar sua redação**.

Existem cinco competências para a correção da redação, e cada uma delas é avaliada em 10, 20, 40, 60, 80 e 100. A média das cinco notas será sua nota final. Supersimples!

A nota da redação é uma média entre duas notas dadas por dois corretores diferentes, mas, caso as duas notas sejam muito discrepantes, uma banca com outros corretores vai reler a redação e avaliar. A nota da redação sai junto com o resultado das outras provas do Enem, e o espelho (o relatório que indica sua nota em cada uma das competências e que contém sua redação digitalizada) é liberado depois.

Dica importante:

tenha em mente que o corretor vai corrigir sua redação e dezenas de outras no mesmo dia, então seja claro e escreva com letra legível.

competência 1

Demonstrar conhecimento da norma culta da língua escrita

> Diz respeito à linguagem e à gramática.

> As frases precisam ser bem elaboradas e ter pouca repetição de palavras (isso demonstra que você tem um bom vocabulário).

> É preciso usar a linguagem formal, ou seja, a que vemos nos livros, jornais e revistas.

> Não usar nunca: desvios de escrita, gírias e regionalismos.

> Erros: o Enem tem certa tolerância a erros ortográficos, e existe algo que eles chamam de "reincidência": se você cometer um erro de ortografia (escrever errado uma palavra) e um erro de convenção de escrita (pontuação, por exemplo), não perde pontos nessa competência, mas, se passar disso, vai perder pontos de acordo com a quantidade de vezes que errou.

competência 2

Compreender a proposta de redação e aplicar conceitos das várias áreas do conhecimento para desenvolver o tema, dentro dos limites estruturais do texto dissertativo-argumentativo

> Compreender a proposta de redação é extremamente importante! Dedique um tempo para ler com calma a proposta e pensar em cada palavra dela.

> Nunca fuja do tema. Não viaje muito. Faça o corretor perceber que você entendeu a proposta. Uma dica para não correr esse risco: escolher uma boa quantidade de argumentos, geralmente dois por parágrafo de desenvolvimento, para que você não tenha espaço para fugir do tema nem acabe sendo vago por ter coisas demais para falar. Outra dica importante é ler cada parágrafo da sua redação separadamente, e, se for possível identificar o tema em cada parágrafo, parabéns: você abordou bem a proposta!

> É preciso aplicar conceitos de outras áreas do conhecimento para desenvolver o tema. Isso significa que você pode escrever sobre qualquer assunto que se encaixe na discussão proposta!

> Você pode e deve ilustrar seu texto com algo que seja de conhecimento geral (não vale contar um caso da sua vida ou algo que ninguém mais conheça). Isso inclui: dados, pesquisas, frases célebres de filósofos, trechos de músicas, casos de pessoas famosas, alusões a eventos históricos, conceitos da ciência, video games, filmes, livros e tudo mais em que você puder pensar.

> É indicado fazer pelo menos duas ou três alusões a diferentes áreas do conhecimento. Por mais complicado que seja o tema, você vai sempre encontrar alguma referência para utilizar.

> Você pode pegar um ou dois dados dos textos motivadores, contanto que não copie trechos dos textos!

> Tudo deve ser feito dentro dos limites estruturais do texto dissertativo-argumentativo, portanto não fuja do gênero textual. Não escreva um poema, uma carta ou um conto.

> O texto dissertativo-argumentativo deve ter entre três e cinco parágrafos, em linguagem formal, com introdução, desenvolvimento e uma proposta de intervenção.

> Não pode escrever em primeira pessoa.

resumo EXPRESS

não fuja do tema e do gênero textual; não copie trechos dos textos motivadores nem pegue mais de dois dados deles; não opine diretamente; faça alusões a obras culturais e conceitos de outras matérias.

competência 3

Selecionar, relacionar, organizar e interpretar informações, fatos, opiniões e argumentos em defesa de um ponto de vista

> Essa competência é a famosa **argumentação**. Argumentar significa apresentar ideias, lógica, fatos e uma infinidade de recursos que comprovem um ponto de vista. Assim como um advogado, temos que defender nosso ponto de vista com fatos, pesquisas, lógica, casos e uma infinidade de recursos, para mostrar ao leitor que existe um problema a ser resolvido no Brasil.

> Muita gente acha que a argumentação só está presente no meio do texto, nos parágrafos de desenvolvimento. Na verdade, sua redação inteira é uma argumentação, desde a primeira palavra até o ponto final, pois durante todo o texto você está defendendo seu ponto de vista.

> Como a argumentação garante grande parte do sucesso da redação, existem várias estratégias argumentativas, que são formas de usar os fatos, lógica e dados a seu favor. Veja ao fim do capítulo algumas dessas estratégias.

resumo EXPRESS

argumentação consiste em usar fatos, lógica, evidências e todo tipo de estratégias para convencer o leitor de que existe um problema que precisa ser resolvido no Brasil.

competência 4

Demonstrar conhecimento dos mecanismos linguísticos necessários para a construção da argumentação

> Coesão textual não pode faltar. Enquanto erros gramaticais e ortográficos quase não influenciam o entendimento do texto, os de coesão textual tornam a leitura muitas vezes impossível. Exemplos de erros: colocar uma frase toda fora de ordem, deixar as ideias soltas pelo texto, não completar o raciocínio.

> O que isso significa? Que não podemos citar pesquisas ou dados sem explicar, nem inserir citações e argumentos sem nexo. Precisamos usar a linguagem para organizá-los, comparar um com o outro, gerar um senso de lógica e fazer com que o leitor nos compreenda. A coesão textual é como uma construção: não adianta colocar vários tijolos empilhados, é necessário uni-los com cimento para que se conectem e formem a construção! Da mesma forma, as ideias devem estar articuladas e conectadas para construir sua redação.

> Por isso, é muito importante revisar o texto pronto.

> Compreender as regras de pontuação, vírgula, crase, a diferença entre "essa" e "esta" (entre outros erros comuns) vai ajudar você bastante a não perder pontos na quarta competência.

> Importância dos conectivos: as palavrinhas que ligam frases e dão uma sensação de continuidade no texto são fundamentais. Use sempre! (No capítulo 16 você vai encontrar uma tabela de conectivos muito útil.)

resumo EXPRESS

coesão textual significa usar a linguagem para transmitir sua mensagem ao leitor. Procure não simplesmente encher seu texto de dados, é preciso compará-los, explicá-los e desenvolvê-los.

competência 5

Elaborar proposta de intervenção para o problema abordado, demonstrando respeito aos direitos humanos

> O modelo de redação do Enem exige que, ao final do texto, você apresente uma proposta de solução para o problema tratado.

> Essa proposta deve ser detalhada e envolver vários setores da sociedade, como governo, população civil, escola e comunidade local.

resumo EXPRESS

faça uma proposta que inclua vários setores da sociedade, não vá contra os direitos humanos.

> Aqui, é fundamental que a proposta não vá contra os direitos humanos (sugerir pena de morte, tortura, sequestro ou qualquer tipo de ato que faria uma pessoa ser presa).

os direitos humanos
E A REDAÇÃO DO ENEM

Há quem defenda a extinção dessa regra, alegando ser um ataque à liberdade de expressão. De qualquer forma, recomenda-se fortemente que os alunos continuem respeitando os direitos humanos na redação, não só porque o Inep é contra quaisquer tentativas de mudar essa regra, mas porque os direitos humanos estão previstos na Constituição, e feri-la não é o caminho para resolver qualquer problema.

ESTRATÉGIAS

ARGUMENTATIVAS

1. Argumentação por **causa e consequência (raciocínio lógico)**: explicar os motivos que levaram você a se posicionar dessa forma e criar uma linha de raciocínio, mostrando como o problema se manifesta na sociedade e o que o causa.

2. **Exemplificação**: usar casos reais em que seu ponto de vista se mostra bom ou que apontem a existência do problema. ATENÇÃO: use casos de conhecimento público, como incidentes que saíram em jornais ou envolvendo pessoas conhecidas (não use casos da sua vida ou de pessoas aleatórias, pois o corretor não tem como verificar a veracidade do seu relato).

3. Argumentação por **dados estatísticos**: usar dados, pesquisas de órgãos e fontes confiáveis para fortalecer seu ponto de vista. ATENÇÃO: é permitido usar dados citados nos textos motivadores, desde que você cite o órgão responsável (IBGE, Ibope etc.). Caso o nome do órgão seja amplamente conhecido, é permitido usar apenas a sigla.

4. **Apelo à autoridade**: usar a palavra de um especialista no assunto para fortalecer seu ponto de vista. (Exemplo: inserir uma frase de um biólogo falando sobre os problemas da poluição quando o texto é sobre meio ambiente.)

5. Contrapor o **ponto de vista contrário**: muitas vezes, enquanto estamos escrevendo, já imaginamos quais serão os posicionamentos contrários de alguns leitores. Para fortalecer nossa argumentação, podemos citar essas visões contrárias e refutá-las. Exemplo: "Muitos acreditavam que alimentos industrializados fossem benéficos ao organismo, mas hoje pesquisas científicas mostram que tais produtos são um veneno para o corpo". ATENÇÃO: ao usar essa estratégia, tome o cuidado de refutar os contra-argumentos com consistência, para que a opinião do leitor não se volte contra a sua.

6. **Alusão histórica**: usar um evento do passado para mostrar que a situação é um problema, para trazer a origem da questão abordada ou para comparar com o problema atual.

7. **Comparação**: mostrar que em outros lugares seu ponto de vista se provou válido e que o problema existente hoje no Brasil foi resolvido.

redação
PASSO
A PASSO

A primeira coisa a ser feita é ler a proposta com bastante atenção. Em seguida, faça uma pequena lista do que aquele tema lhe lembra: filmes, livros, frases etc. Depois, pare e pense: "Qual é o problema que esse tema levanta?". Esse é o segredo, pois a redação do Enem sempre trata de alguma questão não resolvida na sociedade, alguma situação que prejudica as pessoas, enfim, algo negativo que esteja acontecendo no país ou que precise ser melhorado.

Veja bem, o modelo de redação exige não apenas que você problematize o tema, mas que traga uma proposta de intervenção no fim do texto. Logo, a pergunta mais importante a que você deve responder com sua redação é: "Qual é o problema aqui?". Por exemplo, no tema de 2016 o assunto era a intolerância religiosa. Em 2015, era a violência contra a mulher no Brasil. Em 2014, os prejuízos da publicidade voltada para crianças. Em alguns casos, o problema está escancarado, mas em outros é preciso pensar de forma mais ampla.

Assim que você souber qual é o problema, é hora de fazer o esquema da redação.

FAZENDO O
ESQUEMA DO TEXTO

1. Só para garantir, escreva o tema e o problema no alto do papel de rascunho. Parece bobo, mas estar sempre passando os olhos por isso vai ajudar você a não fugir do tema.

2. Em seguida, escreva pelo menos dois fatores que expliquem por que a situação é um problema e um fator que o impeça de ser resolvido. Vou exemplificar usando um tema que eu achei particularmente difícil: o de 2017, "Desafios para a formação educacional de surdos no Brasil".

Primeiramente, qual é o problema da educação de surdos no Brasil? Bom, eu não sei você, mas nunca tive um colega de sala surdo. Nunca aprendi uma palavra sequer em libras e nunca ouvi falar dos problemas que os surdos brasileiros passam. Ora, o problema é justamente este: se eu, que passei pelo menos dez anos da minha vida na escola, nunca tive contato com pessoas surdas, onde elas estudam? Se eu não as vejo na televisão, no dia a dia, onde elas estão? Será que estão recebendo uma educação de qualidade como a que eu recebi? Pode ser que você tenha consciência dos problemas que a comunidade surda do nosso país enfrenta, mas mesmo que não tenha (assim como eu não tinha), ainda assim podemos levantar várias hipóteses: muitas escolas não aceitam alunos surdos, muitos surdos não podem pagar por um ensino que os atenda, poucos brasileiros sabem se comunicar em libras etc. Tudo isso são problemas, mas vamos escolher apenas dois, sempre pensando que teremos que desenvolver esses dois tópicos. Eu escolheria o primeiro e o terceiro, que se tornarão os dois primeiros tópicos do nosso esquema.

Agora, o que impede esse problema de ser resolvido? Vamos novamente às hipóteses: muitas escolas não têm recursos ou incentivo para contratar intérpretes, existem poucos profissionais capacitados para isso, poucas pessoas sabem se comunicar em libras no Brasil. Além disso, a dificuldade em falar sobre o tema ainda mostra mais um problema: pouca gente sabe dos problemas pelos quais passa a comunidade surda no Brasil!

Aqui se esconde uma estratégia certeira: quando for escolher os tópicos de que vai tratar, selecione pelo menos um que você saiba como resolver. Por quê? Porque logo depois disso você vai escrever sua proposta de intervenção e vai sugerir mudanças que acabem de vez com o problema.

3. A última parte do seu esquema vai ser sua **proposta de intervenção**, que você provavelmente já escolheu quando estava pensando no que impede o problema de ser resolvido.

4. E, por fim, já que sua argumentação está basicamente pronta, é hora de pegar todas aquelas **referências** em que você pensou no início e escolher quais vai usar. Pense nos livros, filmes, video games, pesquisas e selecione os que se relacionam com os argumentos. Nessa hora, também vale pegar um ou dois dados dos textos motivadores para ajudar a fortalecer sua argumentação.

Você começa a redação problematizando, convence o leitor de que a situação é um problema, mostra quais desafios temos para vencer e traz estratégias para a resolução. O casamento entre esses parágrafos é uma forma de coesão textual, pois seu texto segue uma linha de raciocínio e flui para o leitor. Isso vai lhe garantir não apenas uma boa argumentação, uma boa articulação com outras áreas do conhecimento e uma boa proposta de intervenção, mas uma boa coesão textual. Somando isso ao uso adequado da língua portuguesa, você vai atender a todas as cinco competências e terá grandes chances de se sair bem na redação.

O QUE CADA PARÁGRAFO DEVE TER

A redação do Enem deve ter entre três e cinco parágrafos, mas costumo usar o método com quatro: introdução, dois parágrafos de desenvolvimento e a conclusão/proposta de intervenção.

A **introdução** é o primeiro parágrafo e tem que passar ao leitor a ideia do que ele vai ler a seguir: explicar que, por alguns motivos, existe um problema no Brasil e que ele precisa ser resolvido. Basicamente, é criar um questionamento: dizer ao leitor que aquela situação é um problema, explicar por que e mostrar que você vai propor soluções. É importante que essa lógica fique clara!

Pode não parecer, mas é difícil dar o primeiro passo numa redação. Então, uma dica eficiente é já começar inserindo outra área do conhecimento. Comparar, por exemplo, um filme, música ou livro com a realidade do Brasil, usar uma frase de um filósofo, fazer uma alusão histórica... O importante é ficar claro qual é seu objetivo com o texto.

Muitas pessoas começam a redação com "Atualmente no Brasil" ou frases do tipo, que são consideradas clichês por muitos corretores. Para ajudar, teremos algumas frases prontas para inspirar você no material complementar, que é o próximo capítulo.

Usaremos os dois parágrafos seguintes para o **desenvolvimento**, ou seja, para evoluir a discussão que começamos na introdução. Para facilitar, dividiremos o desenvolvimento em dois parágrafos: no primeiro, vamos mostrar ao leitor por que a situação é um problema; no segundo, vamos mostrar o que impede esse problema de ser resolvido.

Pense em dois motivos para cada parágrafo e os desenvolva. Use a lógica, dados estatísticos, fatos de amplo conhecimento público. Existem várias maneiras de convencer o leitor, vide as estratégias argumentativas do capítulo anterior.

Ao expor o que impede o problema de ser resolvido, não esqueça de escrever sobre algo que você saiba resolver! Isso vai gerar coesão textual e guiar seu texto para o parágrafo final.

O último parágrafo contém a proposta de intervenção. Vamos falar sobre ela com um pouco mais de atenção.

COMO ESCREVER UMA

BOA PROPOSTA DE INTERVENÇÃO

Para muitos, a proposta de intervenção é a parte mais difícil da redação. Entendo perfeitamente, mas não é impossível! A dificuldade é ser criativo e eficiente, pois existem muitos meios de solucionar cada problema. Pode parecer aterrorizante, mas é um alívio, afinal, é como se você fosse o presidente da República por um dia: pode convocar todos os agentes da sociedade para resolver o problema — as Forças Armadas, as escolas e universidades, os ministérios, as empresas privadas, as ONGs etc. O Enem exige apenas uma proposta de intervenção, mas, como exige que seja completíssima, é recomendado que ela envolva vários setores da sociedade.

Por exemplo: para melhorar a educação de surdos no Brasil, uma boa ideia seria preparar as escolas para receberem tais alunos.

Porém, não são só as escolas que devem se equipar, os alunos também devem se preparar e, se possível, aprender a se comunicar com os novos colegas. Além disso, para que as escolas possam receber alunos surdos, intérpretes serão necessários, o que movimenta universidades e o Instituto Nacional de Educação dos Surdos. Veja como uma proposta que parece simples (tornar as escolas capacitadas a receberem alunos surdos) na verdade é bem complicada e envolve muita gente. Além do mais, só falar que é necessário melhorar as escolas não faz sentido nenhum se não explicarmos como isso vai ser feito, quem vai fazer, de onde vão sair os recursos necessários e daí em diante.

Logo, uma **dica de ouro** para escrever a proposta de intervenção é pensar nas necessidades mais evidentes, que são as mais difíceis: investir na educação, melhorar o sistema de saúde público, reformar o sistema carcerário, entre outras tantas, e partir das seguintes perguntas: "Como fazer isso?", "Quem é responsável por isso?", "Quem teria dinheiro e interesse em investir nisso?". Quando o tema for mais específico, amplie um pouco para ter mais ideias. Exemplo: para pensar em como promover educação para os surdos, pense na questão dos portadores de deficiência como um todo: entre as muitas medidas que poderiam ser tomadas para incluí-los na sociedade, quais delas ajudariam os surdos?

Outra dica valiosa é se informar sobre as instituições públicas no Brasil e suas funções: os ministérios, as Forças Armadas e auxiliares (Exército, Aeronáutica, Marinha, corpo de bombeiros e polícias), os tipos de polícia (federal, rodoviária federal, ferroviária federal, militar e civil estadual), as instâncias de governo (federal, estadual e municipal) e conhecer o que cada uma delas é capaz de fazer.

Mais uma vez, preste atenção aos textos motivadores, pois eles são bastante sugestivos, sempre mencionam alguma ONG ou órgão que trabalha a favor das pessoas que sofrem do problema em pauta. Muitos trazem trechos da Constituição e vários quase nos contam o que precisa ser feito! Quando o tema de 2015 nos trouxe dados mostrando que a maioria dos casos de violência doméstica no Brasil está arquivada, por exemplo, o próprio texto está sugerindo: Que tal acabar com essa impunidade? Muitas vezes essas dicas passam despercebidas, mas preste atenção: a proposta de redação possui dados valiosos que podem lhe dar ideias!

É esperado que sua proposta de intervenção ocupe várias linhas, então os corretores não se importam caso não haja uma conclusão que retome tudo que foi falado no texto. Mas, caso sobre espaço, se quiser fechar o texto com chave de ouro é só falar sobre como o Brasil e a sociedade seriam melhores caso sua intervenção fosse posta em prática! Se não sobrar espaço, não se preocupe! Sua redação já tem tudo de que precisa, esse seria apenas um toque final.

O TÍTULO

Colocar um título na redação do Enem não é obrigatório. A escolha é sua. E ele só vai lhe dar pontos caso seja criativo e enriqueça sua argumentação. A dica é: caso tenha alguma boa ideia, coloque um título; senão, use a linha do título para seu texto.

Pronto! Sua redação está feita. Tire um tempinho, respire, faça algumas outras questões e depois volte várias e várias vezes para ler novamente sua redação em busca de erros antes de passá-la a limpo.

16

material COMPLEMENTAR

PERGUNTA

"Qual é a realidade dos estudantes surdos no Brasil?"
"Como seria um país com educação de qualidade para todos?"

COMPARAÇÃO

Brasil e outros países; realidade e ficção (música, filmes);
passado e presente

> "No filme/livro... Já fora das telas/páginas, ... é uma realidade no Brasil"

> "No país... Já no Brasil..."

> "A música/filme/livro..., que trata da..., mostra uma realidade vivida no Brasil"

> "Podemos ver no filme/livro/música... uma inspiração em um problema real do Brasil: ..."

ALUSÃO HISTÓRICA

> "O/A... não é uma invenção atual"

> "Nunca foi dada a devida importância à/ao..."

> "Há muito tempo o/a... é um problema no Brasil"

> "A questão... tem origem na..."

EXPRESSÕES GENÉRICAS

> "Ao analisar o tema..., vê-se que..."

> "Convivemos diariamente com as consequências do/da... no Brasil: ..."

DEZ ALUSÕES HISTÓRICAS

QUE CABEM EM (QUASE) QUALQUER TEMA

GRÉCIA ANTIGA

> Democracia e criação da política

> Desenvolvimento de cidades independentes

> Cidadania

> Mitologia e cultura característica

> Filosofia e escolas de pensamento

> Desenvolvimento de teorias para explicar o mundo (Pitágoras, Aristóteles, teocentrismo etc.)

> Valorização do corpo perfeito e exercícios físicos (Olimpíadas)

> Literatura épica e poemas

ROMA ANTIGA

> República romana

> Violência urbana

> Luta pela ampliação da cidadania

> Luta do povo por leis escritas, para garantir seus direitos

> Êxodo rural e invasões bárbaras

> Imperialismo

> Problemas urbanos e de saúde pública

> Relações sociais (patrícios, plebeus, escravos)

REVOLUÇÃO FRANCESA

> Participação popular em movimentos políticos
> Luta pela igualdade: abolição das classes de nobreza
> Direitos sociais, civis e políticos
> Laicização do Estado
> Reformas na educação
> Liberalismo
> Ideal de liberdade

REVOLUÇÃO INDUSTRIAL

> Trabalho infantil
> Condições de trabalho precárias
> Degradação do meio ambiente
> Capitalismo/consumismo
> Desigualdade social
> Desigualdade de gênero no mercado de trabalho
> Movimento operário e greves

SEGUNDA GUERRA MUNDIAL

> Emancipação feminina
> Uso da publicidade e propaganda política
> Desenvolvimento da medicina
> Inovações tecnológicas
> Bomba atômica, armas químicas e violência em massa
> Ódio a minorias

COLONIZAÇÃO DO BRASIL

> Questão indígena e alteridade

> Jesuítas e questão religiosa

> Eurocentrismo e imperialismo

> Doenças trazidas pelos europeus

> Conquista do Novo Mundo

> Escambo e trocas culturais

> Desenvolvimento da língua geral e palavras que falamos até hoje

> Intervenção humana no meio ambiente

> Escravidão africana e racismo estrutural

> Monopólio e economia colonial

VINDA DA CORTE PORTUGUESA PARA O BRASIL EM 1808

> Desenvolvimento da educação: Biblioteca Nacional e primeira universidade do Brasil

> Desenvolvimento da cultura

> Desenvolvimento da botânica

> Fim do monopólio comercial e independência econômica

> Desenvolvimento da imprensa

> Criação do Banco do Brasil

> Marginalização da população do centro da cidade

> Criação de favelas e cortiços (problemas urbanos)

BRASIL IMPÉRIO

> Voto censitário
> Poder moderador
> Importância econômica da escravidão
> Conflitos entre conservadores e liberais
> Guerra do Paraguai
> Importância econômica do café

REPÚBLICA OLIGÁRQUICA

> Problemas de corrupção e fraudes eleitorais
> Problemas econômicos e inflação
> Dificuldade em dar legitimidade ao novo regime
> Questão religiosa de Canudos
> Revolta da Vacina, Chibata e Tenentismo
> Desenvolvimento industrial
> Grandes imigrações
> Movimento operário
> Semana de Arte Moderna (1922)

ERA VARGAS

> Industrialização do Brasil
> Educação e treinamento de professores
> Uso da publicidade e propaganda política
> Voto feminino
> Reforma eleitoral
> Golpe de Estado
> Leis trabalhistas

tabela de
CONECTIVOS

IDEIA	SIMPLES	COMPOSTOS
causa	porque, pois, por, porquanto, dado, visto, como	por causa de, devido a/à/ao, em vista de, em virtude de, em face de, em razão de, já que, visto que, uma vez que, dado que
consequência imprevista	tão, tal	de modo que, de forma que, de maneira que, de sorte que, tanto que
consequência lógica	logo, portanto	assim sendo, por consequência, por conseguinte
finalidade	para, porque	para que, a fim de que, a fim de, com o propósito de, com a intenção de, com o intuito de
condição	se, caso, mediante, sem, salvo	contanto que, a não ser que, a menos que, exceto se
oposição branda	mas, porém, contudo, todavia, entretanto	no entanto

IDEIA	SIMPLES	COMPOSTOS
oposição	malgrado, embora, conquanto	muito embora, apesar de, a despeito de, não obstante, sem embargo de, se bem que, mesmo que, ainda que, em que pese, posto que, por mais que, por muito que
comparação	como, qual	do mesmo modo que, como se, assim como, tal como
tempo	enquanto, quando, apenas, ao, mal	logo que, antes que, depois que, desde que, cada vez que, todas as vezes que, sempre que, assim que
proporção	—	à proporção que, à medida que
conformidade	segundo, conforme, consoante, como	de acordo com, em conformidade com
alternância	ou	nem/nem, ou/ou, ora/ora, quer/quer, seja/seja
adição	e	não só/mas também, tanto/como, não apenas/como
restrição	—	nem que

CEM TEMAS

PARA PRATICAR

SAÚDE

1. Problemas do sistema público de saúde
2. Gravidez na adolescência
3. O tratamento dado à saúde mental
4. Estigma a portadores de doenças mentais e inclusão
5. O reaparecimento de doenças erradicadas
6. Transgênicos, agrotóxicos e alimentação
7. Obstáculos para a doação de sangue
8. Suicídio e depressão entre os jovens
9. Aumento do consumo de álcool entre os jovens
10. Aumento de infectados por doenças sexualmente transmissíveis
11. Hipocondria e problemas da automedicação
12. Doação de órgãos
13. Partos e violência obstétrica
14. Dependência alcoólica e impactos sociais

EDUCAÇÃO

15. Desvalorização da pesquisa científica
16. Analfabetismo
17. Valorização do professor
18. Importância da educação à distância
19. Manifestações populares, cuidado com o patrimônio e cultura
20. Desafios para a valorização da cultura nacional
21. A importância da família no desenvolvimento educacional das crianças

A redação

PARTE 2

3

Na hora
DA PROVA

mantendo
A CALMA

Pode até ser difícil manter o ritmo de estudos, aprender a matéria e se concentrar na hora das aulas, mas um dos maiores desafios dos estudantes é controlar o nervosismo às vésperas de uma prova importante. Quantas pessoas passam meses se preparando, mas falham por causa de ansiedade? Sentir um frio na barriga é esperado, mas é importante que você aprenda a domar suas emoções para que isso não sabote todo o seu ano de estudos.

O importante no Enem, e em provas em geral, não é só dominar o conteúdo, não é só saber a matéria — também é preciso ter controle emocional, estar tranquilo, porque eu conheço uma infinidade de pessoas que sabiam tudo, mas na hora da prova estavam tão nervosas que tiveram branco, ou nem chegaram a começar a responder!

Por isso, é importante pensar em formas de manter a motivação e a calma alinhadas, assim você conseguirá fazer uma ótima prova porque seu nervosismo não vai atrapalhar o que você aprendeu.

1

Sempre digo que é superimportante pensar que todo mundo está passando pela mesma coisa que você. Eu acho que uma das coisas mais assustadoras que a gente vive como pré-vestibulando é esse sentimento de "só eu estou em pânico", "todo mundo que vai fazer Enem está tranquilo, todo mundo vai se sair bem no Enem, menos eu". Só que não, né? Na verdade, está todo mundo tão estressado quanto você, todo mundo vai pegar a prova do Enem morrendo de medo, assim como você, então lembre que **você não está sozinho nessa**.

Também acho errado a gente ver as outras pessoas como concorrentes, já que na verdade elas estão passando pelo mesmo que nós. Está todo mundo nervoso com a prova. Não vai ser só você que vai achar algumas questões difíceis, todo mundo vai. Você vai conseguir fazer muitas questões, todo mundo vai. Você vai conseguir fazer tudo, vai conseguir terminar, todos estão se preparando nesse momento, e, acima de tudo, está todo mundo nervoso.

2

Na semana da prova e, principalmente, no dia do Enem, **mentalize coisas boas.** Faça uma espécie de meditação. Mesmo não sendo expert no assunto, sei que meditar é tirar um momento para pensar só na respiração, deixar o pensamento leve e se concentrar. Não é o momento de refletir sobre a vida, e sim, para ter consciência do momento.

Esvazie a cabeça, concentre-se na sua respiração. A cada segundo o ar frio entra e depois sai quentinho: é seu corpo trabalhando, seu sangue correndo pelo corpo, tudo cumprindo seu papel. Vai dar tudo certo.

3

Na véspera da prova, tire um tempo para você. No meu ano de vestibular, em 2015, no dia anterior ao Enem, meu pai fez uma massagem em mim e eu passei a tarde nadando e tomando sol. Foi um dia em que não peguei em livro, um dia para mim mesma.

Sei que pode bater um desespero e dar uma vontade louca de fazer um resumo de última hora, mas lembre-se de tudo que você fez até aqui, todas as suas conquistas. Já está tudo pronto na sua cabeça. Agora, é hora de descansar e proteger todo o conhecimento que você já adquiriu, porque o pânico pode ser um inimigo maior do que o desconhecimento.

4

E o pânico é contagioso. Então, na véspera do Enem, na reta final, **afaste-se de pessoas neuróticas.** Não estou falando para você acabar com suas amizades, ficar isolado do mundo e das pessoas, mas todo mundo conhece alguém que é muito estressado com os estudos e acaba deixando todos ao redor mais nervosos ainda. Se você ficar andando com os muito ansiosos, vai acabar ficando mais ansioso também. Portanto, nessa reta final, rodeie-se de pessoas tranquilas, que vão lhe fazer bem.

Sabemos que é muito importante simular, porque o medo do desconhecido é um dos mais poderosos. Por que a gente tem medo de um buraco negro? Porque ninguém sabe o que existe lá. Por que a gente tem medo do fundo do mar? Pelo mesmo motivo!

Nós, seres humanos, temos medo de não saber o que fazer na hora, de dar um branco no meio da prova; temos medo das questões que não sabemos responder, do tema da redação que não sabemos o que é.

Os **simulados** são justamente um antídoto para esse medo do desconhecido. Por quê? Na sua casa, na sua escola, no seu cursinho, quando você está fazendo um simulado, você está reproduzindo as condições da prova. No dia do Enem, você vai fazer exatamente a mesma coisa que no simulado: vai se sentar, usar essa caneta, passar o gabarito desse jeito, responder a essa mesma quantidade de questões. Assim você já conhece a prova que vai fazer.

Uma semana antes, faça um simulado. Faça igual você faria no Enem: tire algum tempo para sair durante a prova, como se estivesse na hora H. Simule as condições da prova para não ter medo do desconhecido, para, no dia do Enem, pensar: "Nossa, parece só mais um simulado que eu já fiz mil vezes em casa".

Converse consigo mesmo. Não é coisa de maluco. Funciona! Converse consigo mesmo para se acalmar. Nervosismo e ansiedade quase sempre bloqueiam as linhas de raciocínio mais lógicas, e conversar consigo mesmo pode ajudar a retomar essa linha.

Eu penso: "Débora, por que você está estressada? Vamos pensar: o que está causando o estresse? É a prova? Mas você está preparada, então fica de boa". Parece bobo, parece loucura, mas comigo dá muito certo. Eu faço uma lista dos motivos do meu estresse e a partir daí consigo resolver meus problemas ou até perceber que várias questões nem deveriam me preocupar.

Você está com medo de a prova ser difícil, mas você estudou para provas difíceis. Você está com medo de o tema da redação ser diferente, mas você estudou para temas diferentes. Você está com medo de não dar tempo de completar a prova, mas em todos os simulados você conseguiu terminar.

Converse consigo mesmo para entender por que está se sentindo dessa maneira. Assim você vai conseguir aliviar esse sentimento. Aproveite também para nomear o que está sentindo: você está nervoso? Frustrado? Cansado? O que exatamente está acontecendo? Isso fará toda a diferença na hora de tratar aquela sensação ruim.

7 **Pare de se comparar** com os outros. Sério. Pare. Agora. A gente não sabe o que os outros passam e muitas vezes achamos que nossos colegas de sala estão indo superbem, que estão conseguindo estudar tudo, que são maravilhosos, quando na verdade eles estão passando pela mesma coisa que a gente e travando batalhas que nem imaginamos.

Não se compare com os outros, compare-se consigo mesmo. Pense como a pessoa que você é hoje está tão mais inteligente do que aquela que abriu um livro pela primeira vez para estudar. Pense em como você evoluiu!

Não pense em concorrência. Em vez de pensar "Só tem cem vagas", pense "Eu só preciso de uma vaga, as outras 99 ficam para quem quiser". Se você for melhor do que era antes — e não melhor do que ninguém —, pode conquistar essa vaga.

Já dissemos como é importante manter a calma na hora da prova, principalmente se for longa como o Enem. Então, leve um lanchinho gostoso. É importante **se alimentar bem**, manter seu corpo funcionando em capacidade total até o final da prova. Quando sentimos fome, é muito mais difícil se concentrar ou manter a calma. Que tal levar um chocolate?

Também é indicado que você **faça algumas pausas** durante a prova. Não é um desperdício; esse tempo vai servir para você recuperar as energias. Faça intervalos, recoste-se na cadeira e fique um tempo tranquilo, descansando a mente e só respirando fundo. Outras vezes, vá ao banheiro lavar o rosto ou beber uma água. Essas pausas curtinhas ajudam muito a colocar as ideias de volta no lugar e a espairecer.

Faça pausas curtas, quantas forem necessárias para você ser capaz de continuar seu progresso. Não ache que precisa fazer o Enem inteiro numa sentada só. A prova é muito longa e todo mundo precisa de um intervalo para clarear as ideias.

Faça **exercícios de respiração**. Eu sempre recorro a essas técnicas, e existem muitas! É só pesquisar um pouquinho que você vai encontrar a que lhe for mais indicada. O que mais me acalma é um exercício chamado 478: você puxa o ar por quatro segundos, segura por três e solta todo o ar em um segundo. É por isso que se chama 478, porque até contar 4 você inspira, segura até o 7 e solta tudo no 8.

É um exercício que muita gente faz para dormir e que me acalma muito, então uso quando estou prestando prova, quando estou muito nervosa ou simplesmente quando quero respirar profundamente. Além de ajudar a acalmar, respirar fundo oxigena o cérebro. Então, aprenda alguns exercícios de respiração, veja de quais você gosta, quais são rapidinhos de fazer e vá com tudo. Não gasta tempo nenhum e realmente faz toda a diferença.

10

Confie em si mesmo. Lembre-se de todo o seu esforço e dedicação, todo o tempo que você investiu para alcançar resultados positivos. Pode ser que você não tenha estudado 24 horas por dia, mas você fez o seu melhor. Tenha confiança de que fará uma boa prova e que esse é seu momento de brilhar. Não se subestime, você é muito inteligente!

Vale lembrar: caso seu nervosismo ou sua dificuldade para estudar se originem de problemas como ansiedade e déficit de atenção, procure um profissional que possa trabalhar essas questões com você. Isso é assunto sério, que merece ser investigado e tratado, além de ser muito frequente entre os jovens.

administrando O TEMPO

18

Além de administrar a questão emocional, é importante saber usar o tempo a seu favor, especialmente no Enem e no vestibular. É fundamental ter uma estratégia para conseguir fazer todas as questões no tempo estipulado, afinal, apesar de termos horas à nossa disposição, a prova tem tantas questões que a maior parte dos candidatos não consegue terminá-la. Os vestibulares são, mais do que tudo, provas de resistência, pois testam não apenas o domínio do conteúdo, mas o controle emocional e o físico — ficar mais de cinco horas sentado na mesma posição fazendo uma centena de questões nunca vai ser uma tarefa fácil!

A primeira recomendação é que você estabeleça prioridades. Existem três critérios para você definir quais serão as suas no dia da prova. Minha sugestão é: comece sempre pela matéria em que você tem mais facilidade. Por quê? Porque você vai ficar mais motivado. Vai ver questões que consegue responder, irá reconhecer as matérias de que gosta e assim terá mais disposição para continuar. Lembra do pico de energia? Então.

Essa estratégia também evita que o cansaço faça você cometer erros bobos. Já sabemos que vamos errar uma ou outra questão das matérias em que temos mais dificuldade, mas é triste errar por pura falta de atenção ou por fadiga.

Também comece pelas questões mais fáceis. Uma coisa que me ajuda muito é, logo no início, passar os olhos pela prova para ver "Essa é muito fácil, vou fazer rapidinho e passar para a próxima" ou "Essa vai dar muito trabalho, vou deixar para depois".

E o mais importante é: comece pelo que lhe dá mais pontos. No primeiro dia do Enem (que reúne linguagens, humanas e redação), não preciso nem falar que a área mais valorizada é a redação, em que a gente tem mais chance de tirar 1000. Pode ser a diferença entre a sua aprovação e a sua reprovação. Dê prioridade para a redação, não a escreva direto na folha de resposta. Faça um rascunho, leia mil vezes o que está no papel, não tenha dó de gastar tempo com ela. E no segundo dia do Enem (que envolve matemática e ciências da natureza), comece pela matemática, porque os examinadores sabem que a maior parte dos brasileiros tem dificuldade nessa área e já esperam que a gente vá mal na prova; logo, qualquer acerto acaba hipervalorizado na correção. Ou seja, você consegue muitos pontos por poucos acertos! Uhul!

Em casa ou na escola, quando fizer um simulado, cronometre o tempo que leva para fazer a prova. É importante você saber, por exemplo: "Eu levo em média uma hora e quinze minutos para a redação e mais ou menos três horas em matemática, então vou deixar o restante para a prova de ciências da natureza". Isso é bom para você ter uma noção do seu desempenho e não ficar desesperado pensando que já gastou muito tempo nisso ou naquilo.

Uma última recomendação, que eu acho preciosa, é usar a **Lei do Máximo Possível** na hora da prova. Como? Estabeleça um tempo e faça o máximo que conseguir. Por exemplo, reserve quinze minutos para fazer o máximo de questões de matemática. Agora é hora de fazer o máximo mesmo, no pique, bem rapidinho, e quando acabar o tempo você para, vai para outra prova, outra questão, ou vai fazer uma pausa. Isso me ajuda muito quando estou pouco motivada. Eu penso: "Não vou fazer toda a matemática agora, só quinze minutinhos", e nesses quinze minutos eu passo o olho na prova, vejo quais questões são mais fáceis e começo por elas. Acabou o tempo? Vou fazer um pouco de ciências da natureza para tirar os números da cabeça.

ADMINISTRE

O EMOCIONAL

A primeira dica pode parecer contraditória porque faz você gastar tempo, mas vai fazer sentido: **leia as questões com calma**. Por quê? Porque eu sei que muita gente vai fazer a prova muito bem preparado, mas lê as questões muito rápido e erra porque não entendeu bem o que foi pedido. Ou então você lê o enunciado muito rápido, não entende nada e tem que ficar voltando mil vezes. Ou seja, ler uma vez a questão com calma vai lhe poupar muito mais tempo, e você não perde uma questão de bobeira. Leia também as alternativas de múltipla escolha com calma. E, especialmente nas questões de exatas, circule de caneta ou sublinhe os dados: estatísticas, números, fórmulas. Assim, na hora de resolver contas, você ganha tempo.

A segunda dica é: **não se desespere**. Eu sei que é muito mais fácil falar do que fazer, mas pense: seu estresse não vai ajudar em nada. Na verdade, só vai atrapalhar. Pegue as dicas do capítulo anterior e trabalhe seu emocional! Lembre-se das pausas que discutimos, elas podem ajudar muito aqui.

PRIMEIRO DIA DE PROVA

No primeiro dia temos as provas de linguagens e de humanas e a redação. Como aproveitar melhor o tempo para esses conteúdos?

Primeira coisa, primordial mesmo: esquema da redação. Comece lendo a proposta de redação, para você ter uma ideia daquilo que o aguarda, para já começar a pensar: "Nossa, esse tema me lembra aquele filme e aquele livro", ou então "Ah, já sei uma proposta de intervenção, já sei o que posso colocar". Essa é a hora em que você começa a ter uma chuvinha de ideias, e é preciso organizá-las. Já falei, mas vale reforçar: jamais escreva a redação direto na folha de resposta. É preciso, antes, organizar o que você vai escrever, e é para isso que serve o rascunho. É hora de colocar em prática tudo que aprendemos na parte 2, todo o passo a passo de como fazer a redação do melhor jeito possível. Mais uma vez: nunca, jamais, em hipótese alguma escreva a redação direto na folha de resposta.

Também é importante guardar outro mantra: nunca escreva o rascunho da redação e passe direto para a folha de resposta sem reler. Quando você termina o rascunho, você acha que a redação está linda. Afinal, você se esforçou muito e deu seu melhor. Mas pode ser que não tenha visto erros ortográficos, ou tenha deixado passar alguma frase que não está fazendo sentido nenhum. Por isso, quando terminar o rascunho, deixe-o de lado e vá fazer outra parte da prova. Depois você volta, relê a redação, corrige o que for preciso e só então passa a limpo.

JAMAIS deixe a redação por último;

JAMAIS faça a redação direto na folha de respostas;

JAMAIS passe a redação a limpo sem reler o rascunho.

Então você já fez a redação, agora vai para onde? Humanas ou linguagens? O que for mais fácil para você. Seu próximo passo depende da sua facilidade com os conteúdos. Eu, Débora, começo por humanas, porque sou muito melhor nessa área. Entretanto, um problema que esse primeiro dia de Enem traz é que a prova é muito longa, com textos muito grandes — isso além do texto que você mesmo tem que escrever.

A estratégia que eu criei para contornar isso foi: na prova de linguagens, eu marco a questão no gabarito logo depois de resolver. Desenvolvi esse método depois de fazer muitos simulados e perceber que, quando eu tentava verificar todas as questões de linguagens, não conseguia terminar a prova. Se fico em dúvida com alguma, não marco a resposta no gabarito, para poder reler. Vale lembrar que essa foi uma estratégia que eu criei depois de tentar várias outras e ver que realmente teria que abrir mão de verificar uma parte da prova. Por isso é tão importante fazer simulados! Foi assim que eu entendi qual era meu ritmo e desenvolvi formas de fazer a prova inteira no tempo estipulado.

Outra dica importante para o primeiro dia: caso seu tempo de prova esteja acabando, passe a redação a limpo de uma vez e faça o máximo que conseguir no resto do tempo. Em casos desesperadores, deixe sempre a redação pronta: é melhor ter que chutar questões do que entregar o texto incompleto!

Deu para perceber a importância que a danada da redação tem, né?

SEGUNDO DIA DE PROVA

No segundo dia temos matemática e ciências da natureza. Minha primeira dica é: não tenha dó de passar pela prova de matemática mais de uma vez. Não tem problema nenhum. É importante identificar quais questões são fáceis, quais são de dificuldade média e quais são difíceis para você. Passe pela prova fazendo as questões mais simples e deixe as mais complicadas para mais tarde. Essa é uma estratégia que vai ajudar você na hora da correção, porque a quantidade de acertos em questões simples é muito valorizada.

E para ciências da natureza, qual é a dica? Não é segredo para ninguém que o Enem dá mais pontos pelas questões mais fáceis. E isso é bom! É melhor você acertar um maior número de questões fáceis para conseguir mais pontos. Entre as matérias de ciências da natureza, a pontuação do Enem fica assim: as questões de biologia são as que valem mais pontos, depois são as de química, e, por fim, física. Ou seja, física realmente tem as questões mais difíceis.

Agora, qual é o macete para você descobrir se uma questão é fácil, média ou difícil? Não só na matemática como em todas as áreas de conhecimento, a dica é ir lendo as questões e marcando quais você sabe logo de cara que consegue fazer. Logo lhe vem à mente a fórmula a usar, ou o período da história a que se refere, por exemplo. Aí está uma questão fácil, que vai lhe dar bons pontos. Faça!

Agora, quais questões você não sabe? Uma questão que você não sabe é diferente de uma questão que ninguém sabe. Se você olhar um conteúdo e pensar que acha difícil porque tem muita dificuldade naquela matéria, é uma questão difícil para você, mas se você olha uma questão e pensa que só Einstein resolveria, é uma questão difícil para todo mundo. Ou seja, se só uma minoria vai acertar, vale poucos pontos.

Identifique quais questões você sabe fazer, quais você não sabe e quais ninguém no planeta Terra deve saber.

Somando todas as dicas com muita prática adquirida nos simulados, é possível vencer o cansaço e chegar inteiro ao final da prova. Exercite não apenas seu intelecto e o conteúdo, mas também sua saúde mental! Não abra mão da confiança e pratique bastante a administração do tempo de prova, para que você compreenda melhor como funciona sob pressão e quais estratégias vão ajudá-lo nesse desafio.

Analise as questões.

Arrase fazendo as fáceis.

Veja se sobra tempo para as difíceis.

para ler antes DA PROVA

19

Coisas para nunca esquecer, especialmente diante de um desafio:

> É normal sentir medo, frustração e angústia. Faz parte da natureza humana. Não exija de si mesmo positividade 100% do tempo. Viva os momentos negativos e passe por eles — só assim eles ficarão para trás.

> A coragem não é a ausência de medo, mas medo em movimento. Não deixe que nada interrompa sua jornada, siga em frente apesar dos desafios.

> Não é justo se comparar com ninguém. Cada indivíduo está passando por lutas que você nem imagina. Seja gentil com os outros e consigo mesmo.

> Você diria a algum amigo que ele não consegue, que é incapaz e que não acredita nele? Então não diga isso a si mesmo! Confie no seu potencial.

> Você lutou para chegar aonde está. A pessoa que você era meses atrás sentiria muito orgulho de você hoje. Valorize sua caminhada, não importando o quanto você percorreu.

> Nunca se esqueça do que fez você abrir um livro pela primeira vez.

> Pense em si. Não se preocupe em agradar ninguém ou em superar expectativas. Você responde pelas suas ações e deve receber todo o crédito pelo seu sucesso.

> Se estiver sobrecarregado e cansado, não tenha dó de parar por um tempo. Respire, organize as ideias e se dê o "atestado" para se recuperar.

> Independentemente de qual prova você fará, tenha em mente que ela foi feita para você: pensando nas matérias que você estudou e no seu conhecimento. A prova pode até lhe dar medo, mas ela quer que você se saia bem!

palavra FINAL

A missão deste livro é ajudar a simplificar seus estudos. Eu acredito na educação como uma ferramenta de mudança, não só da sociedade como um todo, mas da vida do estudante. Se você está usando este livro como um meio de alcançar seu sonho (seja qual for), desejo toda a força e toda a sorte! Estudar é um ato de coragem que com certeza lhe trará um grande retorno, e para mim é uma honra fazer parte da sua caminhada.

Espero que você tenha perdido o medo da prova, que tenha aprendido um bocado e que consiga ver a realidade: você está preparado para os desafios que aparecerem pelo caminho.

Bons estudos e boa prova!

Anotações

Copyright © 2019 by Débora Aladim

*Grafia atualizada segundo o Acordo Ortográfico da Língua Portuguesa
de 1990, que entrou em vigor no Brasil em 2009.*

CAPA
Eduardo Foresti e Helena Hennemann

PROJETO GRÁFICO E DIAGRAMAÇÃO
Helena Hennemann

ILUSTRAÇÕES DE CAPA E MIOLO
Eduardo Foresti

PREPARAÇÃO
Sheila Louzada

REVISÃO
Carmem T. S. Costa e Angela das Neves

DADOS INTERNACIONAIS DE CATALOGAÇÃO NA PUBLICAÇÃO (CIP)
(CÂMARA BRASILEIRA DO LIVRO, SP, BRASIL)

Aladim, Débora
    Redação infalível : e outras dicas para você
arrasar nas provas / Débora Aladim — 1ª ed. —
Rio de Janeiro : Objetiva, 2019.
    ISBN 978-85-470-0075-2
    1. ENEM — Exame Nacional do Ensino Médio
    2. Português — Redação (Ensino Médio) I. Título.

18-23168   CDD-469.8076

ÍNDICES PARA CATÁLOGO SISTEMÁTICO:
1. Português : Redação : ENEM : Ensino Médio 469.8076
2. Redação : Redação : ENEM : Ensino Médio 469.8076

Cibele Maria Dias — Bibliotecária — CRB-8/9427

PAPEL: Pólen Bold, Suzano S.A.
IMPRESSÃO E ACABAMENTO: Lis Gráfica

6ª reimpressão

[2020]
Todos os direitos desta edição reservados à
EDITORA SCHWARCZ S.A.
Praça Floriano, 19, sala 3001 — Cinelândia
20031-050 — Rio de Janeiro — RJ
Telefone: (21) 3993-7510
www.companhiadasletras.com.br
www.blogdacompanhia.com.br
facebook.com/editoraobjetiva
instagram.com/editora_objetiva
twitter.com/edobjetiva

A MARCA FSC® É A GARANTIA DE (
A MADEIRA UTILIZADA NA FABRICA
DO PAPEL DESTE LIVRO PROVÉM D(
FLORESTAS QUE FORAM GERENCIA
DE MANEIRA AMBIENTALMENTE
CORRETA, SOCIALMENTE JUSTA E
ECONOMICAMENTE VIÁVEL, ALÉM
DE OUTRAS FONTES DE ORIGEM
CONTROLADA.